Bini von Raison

Apfelträume –
Das ultimative Apfelbackbuch

Mit vielen Low-Waste-Rezepten

© 2020, Bini von Raison, München

Autorenfoto: Dr. Sabine Scharf-Büssing
Lektorat: Gabriele Berthold

Verlag:
BoD · Books on Demand GmbH,
In de Tarpen 42, 22848 Norderstedt,
bod@bod.de
Druck:
Libri Plureos GmbH, Friedensallee 273,
22763 Hamburg
ISBN: 978-3-7526-0831-1

Für Sophia, Leon und Felix

Lieblingsmenschen
und Apfelesser

Inhalt

Vorwort

Apfelkuchenbacken ist ein Schwelgen in buttrigem Teig, saftigem Apfelbelag und der Gewissheit, ein Stück Kindheit auf den Teller zu bekommen.

Für Sie, liebe Apfelkuchen-Fans (und solche, die es mit diesem Buch werden) öffne ich meine lang gehütete Rezept-Sammlung: Kuchen, Torten, Aufläufe, Bratäpfel in vielen Variationen, Desserts, Kleingebäck und Mehlspeisen.
Ausflüge in die USA und ins Europäische Ausland dürfen nicht fehlen: Den Original American Apple Pie habe ich im Hafencafé der Insel Nantucket zwischen Fischernetzen und Sturmlaternen gegessen und konnte die liebenswürdige Wirtin überzeugen, mir das Rezept anzuvertrauen.

Im Bonus-Teil verrate ich Ihnen die Zubereitung der weltbesten Bratapfelmarmelade, serviere Chutneys, Gelee und Apfelbrote und lüfte das Geheimnis des baltischen Heringssalates –Weihnachten ohne ihn wäre in meiner Kindheit nicht denkbar gewesen.

So unterschiedlich die Rezepte sind: Äpfel sind überall mit dabei.

Für Experimentierfreudige und Zutatensucher habe ich den **Apfelkuchen-Baukasten** erfunden: Suchen Sie sich einen Boden aus, dann den passenden Apfelbelag und überlegen Sie, auf welches Topping —knusprig oder cremig – Sie Lust haben. Legen Sie los! Die Zutaten haben Sie in der Regel zu Hause.

Neben Ratz-Fatz-Blitz-Rezepten gibt es Torten zum Angeben, die etwas länger brauchen – und natürlich den legendären bayrischen Apfelstrudel, buttrig, zart, knusprig mit einem Hauch von Teig und sahnig schmelzenden Äpfeln. Von der Zeit, die Sie dafür brauchen, nun ja, reden wir lieber nicht ☺. Aber ich verspreche Ihnen: Der kommt an!

Low Waste ist Trumpf! Sie haben Äpfel mit braunen Stellen zu Hause? Ein angebissener Apfel findet sich in der Schultasche Ihres Kindes? Ein Rest Nüsse, ein halber Schoko-Osterhase, ein paar vergessene Weihnachtsplätzchen? Her damit!
Resteküche ist moderne, achtsame Küche. Ein eigenes Register zeigt Ihnen die passenden Rezepte für Ihre Resteverwertung.

Ich wünsche Ihnen jede Menge Spaß beim Ausprobieren, Backen und Genießen – Ihre Bini von Raison

Apfelkuchenbaukasten

Und so funktioniert der Baukasten:
1. Suchen Sie sich einen Boden aus
2. Entscheiden Sie sich für Äpfel zum Mitbacken oder einen Apfelbelag ohne Backen
3. Krönen Sie Ihr Werk mit einem Topping

Schnelle **Böden** ohne Backen *S. 12-13*	**Böden** zum Mitbacken von Äpfeln *S. 14-15*	**Böden,** einzeln zu backen *S. 16*			
			Apfelbelag, der nicht mitgebacken wird *S. 17*		
				Topping zum Mitbacken S. 18 - 20	**Topping** ohne Backen S.21 - 23

Schnelle Böden ohne Backen

Krokantboden

100 g Butter
200 g Zucker
100 g Mandelblättchen
150 g Cornflakes
1 Becher Sahne

Butter zerlassen, Zucker unter Rühren darin auflösen, Mandelblättchen und Cornflakes unterheben. Topf vom Herd nehmen, weiterrühren, nach und nach die Sahne zufügen. Wieder erhitzen, bis die Masse dicklich ist. Eine Springform mit Backpapier auslegen, Masse hineinstreichen, Rand etwas hochziehen. Erkalten lassen.

Schoko-Cornflakes-Boden

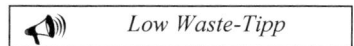
Low Waste-Tipp

100 g Schokoladenreste
1 TL neutrales Öl
2 Handvoll Cornflakes

Schokoreste mit dem Öl sanft schmelzen, Cornflakes unterrühren, sofort
auf den mit Backpapier ausgelegten Springformboden streichen,
abkühlen lassen.

Bröselboden

200 g Löffelbiskuits
125 g zerlassene Butter

Löffelbiskuits in einen Plastikbeutel legen, diesen schließen und mit
einem Hammer/Kartoffelstampfer zu feinen Bröseln zerschlagen
(Vorsicht auf den Untergrund!). Zerlassene Butter unterrühren, sofort
auf den mit Backpapier ausgelegten Springformboden drücken, abkühlen
lassen.

Varianten

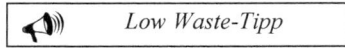
Low Waste-Tipp

Statt der Löffelbiskuits mit gleichem Gewicht zu verwenden:

- Russisch Brot und 1 EL gehackte Schokolade
- Spekulatius- oder Weihnachtsplätzchenreste
- Butterplätzchen mit etwas Rum beträufelt

Böden zum Mitbacken von Apfelspalten

Menge jeweils für eine Springform: Zutaten verquirlen/verkneten, Apfelspalten drauf, evtl. ein Topping Ihrer Wahl zum Mitbacken und los geht's

Candy-Kuchen

2 kleine Eier
100 g Puderzucker
Saft und geriebene Schale von einer Zitrone
150 g Mehl
2 TL Backpulver
125 ml Sahne

Buttermilchboden ohne Fett (frisch essen)

2 Eier
150 g Zucker
200 g Mehl
½ Päckchen Backpulver
250 ml Buttermilch

All-In-Teig

100 g Mehl
2 TL Backpulver
evtl. 1 EL Kakao
100 g Zucker
1 Päckchen Vanillinzucker
100 g weiche Butter
3 Eier

Quark-Öl-Teig ohne Ei

150 g Mehl
2 TL Backpulver
40 g Zucker
1 Päckchen Vanillinzucker
1 Prise Salz
60 g Magerquark
50 ml Milch
50 ml neutrales Öl

Quark-Öl-Teig – Vollwert

200 g gemahlener Weizen
(oder Weizen-Dinkel-Mischung)
2 TL Backpulver
100 g Quark
1 EL Honig
1 Prise Salz
1 Ei
3 EL neutrales Öl

Creme-fraiche-Teig

100 g Creme fraiche
80 g weiche Butter
100 g Zucker
2 Eier
etwas geriebene
Zitronenschale
1 Prise Salz
200 g Mehl
½ Päckchen Backpulver

Haferflocken-Mürbteig

200 g Mehl
60 g Haferflocken
1 TL Backpulver
120 g Butter
100 g Zucker
1 Ei
2 EL Milch
etwas geriebene
Zitronenschale

Joghurt-Rührteig

100 g weiche Butter
130 g Puderzucker
2 Eigelbe
130 g doppelgriffiges Mehl
25 g Speisestärke
1 TL Backpulver
80 g Joghurt

 Low Waste-Tipp

Statt Joghurt: Milchproduktreste wie Frischkäse, Quark oder saure
Sahne verwenden (oder eine Mischung)

Wiener Boden

30 g Butter, zerlassen, abgekühlt
3 Eier
2 EL heißes Wasser
125 g Zucker
1 Päckchen Vanillinzucker
125 g Mehl
1 TL Backpulver

Eier mit Wasser dickschaumig rühren, langsam die beiden Zucker
einrieseln lassen. Mehl und Backpulver darüber sieben und vorsichtig –
zusammen mit der Butter tröpfchenweise – unterheben. Sofort die Äpfel
in den Teig stecken und backen.

Böden, einzeln zu backen
(Darauf einen Apfelbelag und ein Topping Ihrer Wahl ohne Backen)

Nuss-Baiser-Boden (Eiweißverwertung)

 Low Waste-Tipp

4 Eiweiß
160 g Zucker
2 EL Zitronensaft
200 g gemahlene Nüsse
50 g geraspelte Schokoladenreste

Eiweiß mit Zucker und Zitronensaft (jeweils langsam während des
Schlagens zugeben) steif schlagen, Nüsse und Schokolade unterheben,
ca. 25 Minuten bei Mittelhitze backen. Abkühlen.

Zwieback-Boden

75 g weiche Butter
75 g Zucker
3 Eigelbe
1 EL Backpulver
1 EL Mehl
100 g Zwiebackbrösel
1 EL Rum
3 Eiweiß
2 EL Zucker

Butter mit Zucker schaumig rühren, Eigelbe unterrühren.
Eiweiß mit 2 EL Zucker steif schlagen.
Backpulver, gemischt mit Mehl, über die Eigelbmasse sieben und im
Wechsel mit Bröseln, Rum und Eischnee unterheben.

Haferflockenboden

175 g weiche Butter
180 g Mehl
120 g Zucker
45 g Haferflocken

Rasch zusammenkneten, auf den Boden einer Springform drücken,
ca. 15 Minuten hellbraun backen (darf nicht hart werden).
Eine dünne Schicht Marmelade unter dem Apfelbelag empfiehlt sich.

Apfelbelag, der nicht mitgebacken wird

Köstlicher Apfel-Sahne-Belag

1 kg Äpfel
1 EL Butter
100 ml Weißwein
200 g Gelierzucker 2:1
400 g Sahne
2 Päckchen Vanillinzucker
2 Päckchen Sahnesteif

Äpfel schälen, entkernen und in große Würfel schneiden.
In Butter andünsten, Weißwein und Gelierzucker zugeben und
aufkochen. Abkühlen.
Sahne mit Vanillinzucker und Sahnesteif steif schlagen.
Apfelmasse auf den abgekühlten Boden streichen, Schlagsahne darüber
geben. Mit etwas Zimt bestreut servieren.

Apfelpudding-Belag

1 kg Äpfel geschält, entkernt, gewürfelt
1 EL Butter
Saft einer Zitrone
3 EL Rum
1 Päckchen Puddingpulver
Apfelsaft (oder Weißwein) Menge siehe unten
100 g Zucker

Apfelwürfel in Butter, Zitronensaft und Rum andünsten, ca. 5 Minuten
weiterköcheln. Apfelwürfel mit einem Schaumlöffel herausnehmen,
Dünstflüssigkeit mit Apfelsaft zu einem halben Liter auffüllen.
Etwas davon abnehmen, mit dem Puddingpulver anrühren. Restliche
Flüssigkeit mit dem Zucker erhitzen, zum Kochen bringen, angerührtes
Puddingpulver unterrühren, aufkochen, mit den Apfelwürfeln verrühren,
abkühlen lassen.

Topping zum Mitbacken

Streuselvariationen
Damit Ihre Streusel knusprig werden, gibt es simple aber wirkungsvolle Tricks: Zutaten gekühlt und nur kurz verarbeiten. Kurz vor Ende der Backzeit mit etwas eiskaltem Wasser besprühen.

Streusel-Grundteig

200 g Mehl
100 g Butter
100 g Zucker
1 Ei

Variationen:

...mit Haferflocken
2-3 EL kernige Haferflocken, leicht angeröstet, unterheben

...mit Nüssen und Zimt
3 EL Haselnussblättchen
½ TL Zimt unterkneten

...mit Schokotropfen
2-3 EL Schokotropfen unterkneten

Apfeltantes Streusel

250 g kalte Butter
120 g brauner Zucker
75 g Kokosraspel
150 g Mehl
45 g Haferflocken

Reicht für ein Backblech oder – falls Sie die Hälfte der Streusel als Boden in eine Springform drücken – für eine Springform.

Kokos-Streusel

280 g kalte Butter
200 g Zucker
1 Päckchen Vanillinzucker
180 g Kokosraspel
200 g Mehl
150 g Haferflocken
Reicht für ein Backblech – gut für eine suppige Apfelfüllung.

Marzipanstreusel

150 g Marzipanrohmasse grob geraffelt
125 g Butter
200 g Mehl
100 g Zucker
Einige Tropfen Bittermandel-Aroma

Einfache Kokos-Streusel

200 g Mehl
180 g Zucker
80 g Kokosraspel
180 g Butter

Nougatstreusel

200 g Nuss-Nougat
175 g Mehl
50 g Zucker
80 g weiche Butter

Geröstete Streusel

125 g Butter
120 g Mandelblättchen
125 g Mehl
200 g Zucker
2 Päckchen Vanillinzucker
Butter schmelzen, Mandelblättchen darin goldgelb rösten, Mehl
unterrühren, leicht anschwitzen, nicht bräunen.
Gemisch in eine Schüssel füllen, mit Zucker und Vanillinzucker
vermengen, zu Streuseln drücken, kalt stellen.
Wie herkömmliche Streusel mitbacken.

Milchmädchen-Topping

1 Dose Nestle Milchmädchen (gesüßte Kondensmilch)
3 Eier
1 gehäufter EL Speisestärke
1 Prise Zimt
Verquirlen und über die Äpfel geben.

Frangipane-Masse

100 g gemahlene Mandeln
60 g Zucker
1 Päckchen Vanillinzucker
1 Ei
50 g sehr weiche Butter

Vermischen und auf einen Mürbteigboden Ihrer Wahl streichen,
darauf die Äpfel arrangieren.

Holländermasse

95 g gemahlene Mandeln
60 g Zucker
1,5 EL Honig
1 Päckchen Vanillinzucker
1 Prise Salz, etwas abgeriebene Zitronenschale
90 g weiche Butter
1 Päckchen Vanillinzucker
2 Eier
1 geraspelter Apfel
40 g Mehl

Vermischen und auf einen Mürbteigboden Ihrer Wahl streichen,
darauf geschälte, entkernte, in Scheiben geschnittene Äpfel anordnen
und backen.

Makronengitter

Zum Aufspritzen 15 Minuten vor Backende
Menge reicht für ein Backblech, für eine Springform Zutaten halbieren.

400 g Marzipan-Rohmasse
75 g Zucker
1 Ei
2 EL Milch
Zum Bestreichen:
1 Eigelb
1 EL Milch

Zutaten verrühren, in einen Spritzbeutel mit Sterntülle füllen und
gitterartig auf den vorgebackenen Apfelkuchen spritzen. Gitter mit
Eigelbmilch bestreichen, 15 Minuten backen.

Topping ohne Backen

Frosting
200 g weiche Butter
200 g gesiebter Puderzucker
300 g Frischkäse
Variable Geschmackszutaten
- Vanillinzucker
- Zitronenschale
- 2 EL Kakaopulver
- 4-5 EL rote Marmelade, erwärmt und durch ein Sieb gestrichen
- 3 EL erwärmtes Nutella

Butter mit Puderzucker schaumig rühren, Frischkäse und eine ausgewählte Geschmackszutat unterheben. Masse dekorativ auf den vollständig abgekühlten Kuchen (oder auch die Muffins aus diesem Buch) häufeln.

Schnelle Creme
125 g Mascarpone
125 g Magerquark
50 g Zucker
1 Päckchen Vanillinzucker
Etwas geriebene Zitronenschale
100 g steif geschlagene Schlagsahne

 Low Waste-Tipp

Mascarpone/Quark (zusammen 250 g) kann durch Milchproduktreste von Frischkäse, saurer Sahne oder festem Joghurt ersetzt werden

Kaffee-Karamell-Sauce
(Die Hälfte über den Kuchen träufeln, den Rest dazu reichen.)
500 g feinster Zucker
100 ml Wasser
300 g Schlagsahne
1 Tasse Espresso
1 aufgeschlitzte Vanilleschote
1 Prise Zimt
2 EL Butter
100 ml Kahlua (Kaffeelikör) oder Baileys

Zucker und Wasser in einen flachen, breiten Topf geben und zum Kochen bringen. Wenn sich der Zucker gelöst hat, die Masse – ohne zu rühren – weiterköcheln, bis sie goldbraun und duftend ist (ca. 15 Minuten). Sahne auf einmal schnell zugießen (Vorsicht – spritzt!) und unter Rühren so lange köcheln, bis die Masse glatt ist. Restliche Zutaten unterrühren, abkühlen lassen. Herrlich zu ofenwarmem Apfelkuchen.

Krokant

400 g gemischte Nüsse, grob gehackt
130 g Butter
4 EL Schlagsahne
200 g Zucker

Butter, Sahne und Zucker in einem Topf erhitzen, bis sich der Zucker
gelöst hat, aber noch nicht karamellisiert. Nüsse unterheben, vom Herd
nehmen.
Mischung mit einem Löffel über den noch warmen Apfelkuchen geben.

Schüttelcreme

2 Becher Schlagsahne
2 Päckchen Sahnesteif
2 Päckchen Paradiescreme-Pulver Vanille oder Stracciatella

1 Suppenteller voll Apfelwürfel (geschält, entkernt)
¼ l Apfelsaft
30 g Zucker

Apfelwürfel mit Apfelsaft und Zucker kurz dünsten, abkühlen lassen.

Sahne schlagen, Sahnesteif und Paradiescreme-Pulver einrieseln lassen,
sofort mit Apfelwürfeln, Dünstflüssigkeit und Zucker vermischen, im
Kühlschrank halbfest werden lassen und auf einen gebackenen,
abgekühlten Boden Ihrer Wahl geben.

Kakaoguss

200 g Puderzucker
2 EL Kakao
3-4 EL heiße Milch
1 EL Palmin

Palmin lauwarm schmelzen, Puderzucker mit Kakao sieben, mit der
Milch und dem Palmin verrühren und den Kuchen damit überziehen.

Apfel-Zimt-Konditorcreme
Fettarme Alternative zu Buttercreme

½ l Milch
2 Päckchen Vanillinzucker
6 Eigelbe
150 g Zucker
40 g Mehl

2 Handvoll kleine Apfelwürfel
1 Prise Zimt

Milch aufkochen. Eigelbe und Zucker in einen Rührbecher geben und weißschaumig schlagen, Mehl unterschlagen.
Auf kleiner Stufe weitermixen, dabei in dünnem Strahl die kochend heiße Milch zugießen. Masse sofort in den Milchtopf gießen und eine Minute unter ständigem Rühren aufkochen. Abkühlen lassen.

Unter die gekühlte Masse Apfelwürfel und Zimt heben.

Eierlikör-Sahnecrème

400 g Sahne
2 Päckchen Vanillinzucker
4 Blatt Gelatine
120 ml Eierlikör

Sahne steif schlagen, Vanillinzucker einrieseln lassen, Eierlikör unterheben.
Gelatine in etwas Wasser einweichen und erwärmen, glattrühren, etwas abkühlen, mit ein paar Löffel Eierlikörsahne verrühren, dann unter die Sahnemasse heben. Auf den Apfelbelag streichen. Kalt stellen.

Meine Notizen:

....

....

....

....

....

Mürbteig

Schneller Apfelkrümel-Kuchen
Von Ute aus Bonn

Streusel:
250 g zimmerwarme Butter oder Margarine
500 g Mehl
200 g Zucker
1 Päckchen Vanillinzucker
½ Päckchen Backpulver
¼ TL Salz
1 Ei

Füllung:
1,5 kg Äpfel
etwas Zitronensaft
1 Stich Butter
1 EL Zitronensaft
75 g Zucker
etwas Zimt
75 g Rosinen, in Rum eingeweicht

Streuselzutaten schnell zusammenkneten. Die Hälfte der Krümel in die gefettete Fettpfanne des Backofens drücken.
Äpfel schälen, entkernen, zerkleinern. Mit den angegebenen Zutaten für die Füllung 5 Minuten andünsten, etwas abkühlen.
Masse auf den Streuselboden geben, restliche Streusel darauf verteilen.
Ca. 45 Minuten bei mittlerer Hitze backen.

Schmeckt am besten lauwarm mit Vanille-Eis oder kalter Vanille-Sauce.

Gut vorzubereiten: Am Vortag Streusel herstellen und Füllung zubereiten, beides kalt stellen. Am nächsten Tag nur noch, wie oben beschrieben, in die Form schichten und backen.

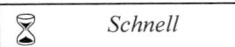 *Schnell*

Ratz-Fatz-Blitzversion:
Krümelteig – wie oben beschrieben – herstellen.
Für die Füllung ca. 700-800 g Apfelmus aus dem Glas oder Tetra-Pak verwenden, das Sie mit etwas Zucker und Zimt nachwürzen.
Weiter wie oben beschrieben.

Apfelkuchen mit Walnuss-Krokant und Kaffeesahne

200 ml Schlagsahne
2 EL Kaffeebohnen

200 g weiche Butter
350 g Mehl
1 TL Backpulver
150 g Zucker
1 Päckchen Vanillinzucker
1 Prise Salz

1 kg Äpfel
1 Zitrone, Saft und 1 EL Schalenabrieb
50 g Zucker

150 g Walnuss-Krokant *

Schlagsahne mit den Kaffeebohnen erwärmen und mind. 4 Stunden
ziehen lassen. Bohnen abseihen. Sahne kalt stellen.

Aus den Teigzutaten schnell Mürbteig-Streusel herstellen.
¾ der Streusel in eine gefettete Springform drücken,
Rand etwas hochziehen. Kalt stellen.

Apfel schälen, entkernen und in Würfel schneiden, mit Zucker,
Zitronensaft und -schale vermischen, etwas ziehen lassen.
Apfelmasse auf den Streuselteig streichen, restliche Streusel mit dem
Krokant vermischen und auf die Äpfel geben.

Bei Mittelhitze ca. 45 Minuten backen.
Gekühlte Sahne steif schlagen und zum lauwarmen Kuchen reichen.

*Krokant herstellen:
75 g Zucker
1 TL Butter
75 g gehackte Walnüsse
Zucker in eine breite Pfanne geben und bei mittlerer Hitze schmelzen lassen. Zunächst nicht
rühren sonst karamellisiert der Zucker nicht gleichmäßig.
Zum Rühren einen Holzlöffel verwenden. Sobald alles flüssig ist: Rühren, Butter hinzugeben
und hellbraun karamellisieren. Jetzt ist Eile gefragt, sonst wird der Zucker zu dunkel (bitter!).
Gehackte Nüsse zugeben, kurz umrühren, bis alles vom Karamell umhüllt ist.
Die Karamellmasse auf ein Stück Backpapier geben und mit einem Löffel möglichst flach
verteilen. Ein weiteres Stück Backpapier auf die Karamellmasse legen und alles mit einer
Teigrolle flach ausrollen, solange der Karamell noch nicht ganz fest ist. Durch das Ausrollen
lässt sich der Krokant nun gut klein hacken

Gedeckter Apfel-Blechkuchen

Mürbteig:
600 g Mehl
200 g Zucker
1 Päckchen Vanillinzucker
300 g weiche Butter
100 g Doppelrahmfrischkäse
2 Eier

Belag:
1,5 kg Äpfel
Saft von 1 Zitrone
450 ml Apfelsaft
150 g Zucker
2 EL Quittengelee (oder anderes helles Gelee)
einige Tropfen Rum-Aroma
2 Päckchen Vanillepuddingpulver

3-4 EL Semmelbrösel

Guss:
150 g Puderzucker
etwas Zitronensaft

Teigzutaten rasch zu einem Mürbteig zusammenkneten. Kalt stellen.

Für die Füllung Äpfel schälen, entkernen und in große Würfel schneiden. Mit dem Zitronensaft vermischen. 350 ml Apfelsaft, Zucker, Gelee und Rum-Aroma aufkochen, Apfelstücke zugeben und 5 Minuten köcheln. Puddingpulver mit 100 ml Apfelsaft verrühren und in das Apfelkompott rühren. Einmal aufkochen lassen, vom Herd nehmen. Abkühlen.

Die Fettpfanne des Backofens fetten. Die Hälfte des Teiges ausrollen und in die Fettpfanne legen, Semmelbrösel darauf verteilen. Apfelmasse darauf verteilen, ringsherum einen 1-cm-breiten Rand frei lassen. Restlichen Teig in Blechgröße ausrollen, auf die Apfelmasse legen, Teigränder gut zusammendrücken.
Teigdeckel vorsichtig mit einer Gabel gleichmäßig einstechen.

Bei Mittelhitze ca. 40 Minuten backen.
Nach dem Erkalten mit Zitronenguss bestreichen.

Schmandkuchen mit Äpfeln
Köstliches kann so schnell gehen

⧗   *Schnell*

Mürbteig:
200 g Mehl
80 g Zucker
80 g Butter
1 Ei
1 TL Backpulver

Mit kalten Händen rasch den Mürbteig verkneten und eine gefettete
Springform damit auskleiden, Rand hochziehen. Kalt stellen.

Belag:
3 große Äpfel geschält, entkernt, klein gewürfelt

3 Becher Schmand
100 g Zucker
1 Päckchen Vanillepuddingpulver
500 ml Milch

Ofen auf 170 Grad vorheizen.

Apfelwürfel auf dem Mürbteig verteilen.
Belag verquirlen und darüber gießen.
Bei Mittelhitze ca. 50 Minuten backen.

Schwäbischer Apfelkuchen

Mürbteig:
250 g Mehl
100 g Zucker
200 g Butter
1 Prise Salz, etwas geriebene Zitronenschale
1 Päckchen Vanillinzucker
1 Eigelb
Mürbteig rasch zusammenkneten, eine Springform ausfüttern,
Rand hochziehen, kalt stellen.

Belag 1:
2 geriebene Zwiebäcke
eine Handvoll Mandelblättchen
1 EL Butter
2 Päckchen Vanillinzucker
In einer großen Pfanne Zwiebackbrösel und Mandelblättchen
in Butter etwas anrösten, auf einen Teller schütten
und mit Vanillinzucker vermischen.

Belag 2:
1 kg Äpfel geschält, entkernt, in Vierteln, mehrmals eingeschnitten
100 g flüssige Butter

Guss:
2 Eier
1 Becher Sahne
1 Becher Crème fraîche
1 Prise Salz
90 g Zucker
1 Päckchen Vanillinzucker
1 TL Zimt

Ofen auf 180 Grad vorheizen.
Bröselmasse auf den gekühlten Mürbteigboden streuen,
Apfelviertel darauf verteilen, mit flüssiger Butter bepinseln.
Guss verquirlen und über die Äpfel gießen.
Ca. 1 Stunde backen.
Schmeckt auch gut, wenn etwas erwärmte Aprikosenmarmelade über
den noch warmen Kuchen geträufelt wird.

Apfel-Kokos-Kuchen

Mürbteig:
100 g Margarine
100 g Zucker
1 Ei
200 g Mehl
1 TL Backpulver

Belag:
50 g Butter
75 g Zucker
3 Eier
650 g kleine Apfelwürfel von entkernten, geschälten Äpfeln
100 g Kokosraspel

Springform mit Mürbteig ausfüttern, kalt stellen.
Ofen vorheizen auf 180 Grad.
Butter mit Zucker und Eiern schaumig rühren,
Apfelwürfel und Kokosflocken unterheben.

Masse auf den Mürbteig streichen.
Ca. 40 Minuten backen.

Apfel-Creme-Blechkuchen

Boden und Streusel:
520 g Mehl
150 g Zucker
300 g Butter
½ TL Zimt

120 g Haferflocken
50 g Mandelblättchen

Creme:
150 g Sahne
600 ml Milch
6 Eigelbe
130 g Zucker
2 Päckchen Vanillinzucker
90 g Speisestärke
1 TL Zimt
1 TL Lebkuchengewürz
80 g Butter

Apfelbelag:
8 Äpfel geschält, entkernt, gewürfelt
100 g gehackte Mandeln
2 TL Zimt
3 EL Zucker
2 EL Mehl

Ofen auf 180 Grad vorheizen.
Mehl, Zucker, Butter und Zimt verkneten. Zwei Drittel der Masse in die Fettpfanne des Backofens drücken, 10 Minuten vorbacken.
Das restliche Drittel mit den Haferflocken und Mandelblättchen als Streusel verkrümeln und kalt stellen.
Pudding aus den Creme-Zutaten kochen, zuletzt die Butter unterrühren.
Abkühlen.
Apfelbelag vermischen.
Creme auf den Mürbteigboden streichen, Apfelbelag darauf verteilen.
Streusel darauf streuen, ca. 40 Minuten backen, evtl. abdecken.

Gedeckter Apfelkuchen
Der Gag ist das Apfelmus in der Füllung, macht den Kuchen saftig und matschig - genauso wie er sein muss

Mürbteig:
300 g Mehl
100 g Zucker
1 Ei
180 g weiche Margarine
evtl. 1-2 EL kaltes Wasser

Füllung:
100 g Rosinen
2 EL Rum

200 g Apfelmus
500 g Äpfel geschält, entkernt, gewürfelt
2 EL Zitronensaft
90 g brauner Zucker
½ TL Zimt

Glasur:
200 g Puderzucker
etwas kaltes Wasser (evtl. mit Rum gemischt)

Rosinen mit dem Rum vermischen, etwas ziehen lassen.
Mürbteig rasch zusammenkneten, mit gut der Hälfte eine Springform auslegen, Rand hochziehen. Kalt stellen.

Ofen auf 175 Grad vorheizen.
Restliche Zutaten für die Füllung vermischen, Rosinen unterheben.
Füllung auf dem Mürbteigboden verteilen, restlichen Teig ausrollen und als Deckel darauflegen.

Ca. 35 Minuten backen, abkühlen und glasieren.

Apfelkuchen mit Mandelguss

Mürbteig:
180 g Butter
½ TL Salz
4 EL Zucker
1 Ei
2 EL Sahne
250 g Mehl

5 Äpfel geschält, entkernt, geviertelt, fächerförmig eingeschnitten

Belag:
3 Eier
6 EL Zucker
200 g gemahlene Mandeln
2 Äpfel geschält, entkernt, fein geraspelt

Mürbteig rasch verkneten, eine Springform ausfüttern,
Rand etwas hochziehen, kalt stellen.
Ofen auf 170 Grad vorheizen.
Eier mit Zucker schaumig schlagen, Mandeln
und die geraspelten Äpfel unterheben.

Apfelviertel auf dem Mürbteigboden verteilen,
Belag darüber streichen.

Ca. 35 Minuten backen.

Evtl. nach dem Backen mit 3-4 Esslöffeln erwärmtem Gelee
(Apfel oder Quitte) bestreichen.

Quark-Apfelkuchen

Französischer Mürbteig:
300 g Mehl
1 TL Backpulver
100 g Zucker
1 Päckchen Vanillinzucker
3 Eigelbe
2 EL saure Sahne
125 g weiche Butter

Zum Bestreuen:
2 EL Semmelbrösel

Belag:
600 g Apfelwürfel geschält, entkernt

1. Guss
3 Eigelbe
100 g Zucker
250 g Quark (20%)
2 TL Speisestärke
Saft einer Zitrone
¼ l süße Sahne, steif geschlagen

2. Guss
3 Eiweiß
200 g Puderzucker

Mürbteig rasch zusammenkneten und in die Fettpfanne
des Ofens drücken.
Mit Semmelbröseln bestreuen und kalt stellen.

Ofen auf 180 Grad vorheizen.
Für den ersten Guss Eigelbe mit Zucker schaumig rühren, alle weiteren
Zutaten unterheben. Apfelwürfel auf dem Teig verteilen, den ersten
Guss darüberstreichen, ca. 30 Minuten backen.
Für den zweiten Guss Eiweiß zu Schnee schlagen, langsam den
Puderzucker einrieseln lassen.
Kuchen aus dem Ofen nehmen, auf 150 Grad zurückschalten,
Eischnee auf den Kuchen streichen und ca. 20 Minuten fertig backen.

Oberpfälzer Kleckerkuchen
Immer neu variierbar

Mürbteig:
100 g Butter
1 Prise Salz
etwas geriebene Zitronenschale
60 g Zucker
1 Ei
1 EL Sauerrahm
200 g Mehl
1 Messerspitze Backpulver

Mürbteig rasch zusammenkneten, die Fettpfanne des Backofens damit
ausfüttern. Kalt stellen.

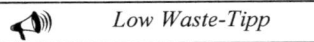 *Low Waste-Tipp*

Suchen Sie sich **drei** der folgenden Füllungen aus. Irgendetwas davon
hat man in der Regel zu Hause. Zubereiten, kleckerweise nebeneinander
auf den gekühlten Boden geben und bei Mittelhitze ca. 30 Minuten
backen.

Apfelschmier
5 geriebene Äpfel
50 g Zucker
4 geriebene Zwiebäcke
Zitronensaft, Rum, Zimt

Mohnschmier
200 g gemahlener Mohn
¼ l kochende Milch
100 g Butter
100 g Zucker
3 EL Kokosraspel
3 EL gehackte Nussreste
1 TL Zimt
2 Eier
etwas geriebene Zitronenschale

Grießschmier

½ l dicker Grießbrei
50 g Butter
50 g Zucker
2 Eier, getrennt
1 EL Rum

Zwetschgenschmier

1 Paket eingeweichte, pürierte Trockenpflaumen
½ Glas Pflaumenmus
2 EL Semmelbrösel
1 EL Schnaps

Butterschmier

2 Eier
125 g Butter
100 g Zucker
100 g geriebene Nüsse
2 EL Semmelbrösel
50 g geriebener Zwieback
1 EL Kakao

Quarkschmier

500 g Quark
2 Eier, getrennt
50 g Butter
1 Päckchen Vanillinzucker
50 g Zucker
1 Päckchen Vanillepuddingpulver

Apfelkuchen „Nimmersatt"

*Das Rezept habe ich vor etwa 30 Jahren
aus der Münchner Abendzeitung ausgeschnitten.*

Mürbteig:
375 g Mehl
1 TL Backpulver
1 EL Milch
175 g Margarine
100 g Zucker
2 kleine Eier

Mürbteig rasch zusammenkneten, in die Fettpfanne des Backofens
drücken. Kalt stellen.

Streusel:
175 g Mehl
125 g Zucker
125 g Butter

Rasch zusammenkneten. Kalt stellen.

Belag:
675 ml Milch
2 Päckchen Vanillepudding
1 Eigelb
750 g Quark
2 Päckchen Vanillinzucker
250 g Zucker
1 Eischnee

750 g Apfelachtel geschält und entkernt

Ofen auf 180 Grad vorheizen.

Aus Milch und Puddingpulver einen dicken Pudding kochen.
Eigelb, Quark, Zucker und Eischnee verrühren, Pudding unterheben.
Masse auf den Mürbteig streichen, die Apfelachtel hineinstecken,
Streusel darüber krümeln.

Ca. 45 Minuten backen

Apfeltarte mit Cremeguss

Teig:
200 g Mehl
60 g Zucker
125 g Margarine
½ TL Salz

Füllung:
1 kg Äpfel

Guss:
1 EL Speisestärke
90 g Zucker
1 Päckchen Vanillinzucker
1 Prise Salz
½ TL Zimt
3 Eier
125 ml Schlagsahne

Teig rasch zusammenkneten und eine flache Tarteform
mit dem Teig ausfüttern, Rand etwas hochziehen.
Kalt stellen.

Ofen auf 180 Grad vorheizen.

Äpfel schälen, entkernen und in Achtel schneiden.
Guss verquirlen.
Äpfel kranzförmig auf dem Teig anordnen, Guss darüber verteilen.
30 – 40 Minuten backen.

Rührteig

Saftiger Apfel-Gugelhupf
Klassisch und gut als Apfelkuchen-Einsteiger

Teig:
150 g weiche Butter
225 g Zucker
1 Päckchen Vanillinzucker
1 Prise Salz
etwas Bittermandelaroma
4 Eier
300 g Mehl
3 TL Backpulver

300 g Apfelwürfel

Zum Bestreichen:
200 g Aprikosenmarmelade
1 EL Rum

100 g Puderzucker
etwas Zitronensaft

Ofen auf 170 Grad vorheizen.
Gugelhupfform buttern und bröseln.

Butter, Zucker und Aromen schaumig schlagen, Eier einzeln
unterrühren.
Mehl mit Backpulver sieben und unterrühren, Apfelwürfel unterheben.
Ca. 50 Minuten backen, abkühlen.

Aprikosenmarmelade mit dem Rum erhitzen und den Kuchen damit
bestreichen. Antrocknen lassen, mit Zitronenguss überziehen.

Riesenblech Apfelschnitten mit Vollkorn
Von meiner Mit-Altistin Ilse aus dem Chor

Teig
250 g Butter
250 g Zucker
5 Eier
2 Päckchen Vanillinzucker
½ TL Salz
etwas geriebene Zitronenschale
100 g Mehl
250 g Vollkornmehl
½ Päckchen Backpulver

3 kg Äpfel
etwas Zitronensaft

Ofen auf 180 Grad vorheizen, die Fettpfanne des Ofens mit Backpapier auslegen.
Äpfel schälen, entkernen, je nach Größe vierteln oder achteln, in etwas Zitronensaft schwenken.
Butter und Zucker schaumig rühren, Eier einzeln unterrühren, Gewürze und das mit Backpulver gesiebte Mehl unterheben.

Teig in die ausgelegte Fettpfanne streichen, Äpfel dicht an dicht in den Teig stecken und ca. 25-30 Minuten bei 180 Grad backen.

Als **Topping**
-   mit Puderzucker bestreuen oder
-   Rumguss (Puderzucker, Rum) oder
-   mit erhitzter Aprikosenmarmelade bestreichen und mit Zitronenguss (Puderzucker, Zitronensaft) überziehen.

Auch gut: Ganz frisch mit Schlagsahne und Eierlikör!

Übrigens: Ohne Topping lässt er sich perfekt einfrieren.

Buttermilch-Apfel-Kuchen mit Sahneguss

Eins meiner Lieblingsrezepte:
Ruckzuck, buttrig, sahnig

⧖   *Schnell*

Teig:
200 g Zucker
3 Eier
1 Päckchen Vanillinzucker
280 ml Buttermilch
360 g Mehl
1 Päckchen Backpulver

Belag:
1 Suppenteller voller Apfelwürfel geschält, entkernt
200 g Mandelblättchen
Zucker

Guss nach dem Backen:
125 g Butter
1 Becher Schlagsahne

Ofen auf 180 Grad vorheizen.

Zucker und Eier schaumig rühren, restliche Zutaten unterrühren.
Apfelwürfel darauf verteilen, mit Mandelblättchen und Zucker
bestreuen.

25-30 Minuten backen.

Währenddessen Butter und Sahne aufkochen und gleichmäßig auf dem
fertig gebackenen, heißen Kuchen verteilen. Abkühlen.
Frisch essen.

Apfelkuchen vom Blech
Geburtstagskuchen meiner Kollegin Bettina K.

Teig:
300 g weiche Margarine
250 g Puderzucker
¼ TL Salz
6 kleine Eier
3 EL Eierlikör oder Milch
300 g Mehl
80 g Speisestärke
2 TL Backpulver
geriebene Schale von 2 Zitronen

Belag:
2,5 kg Äpfel
Saft von 2 Zitronen

Zum Bestreuen:
100 g Mandelblättchen
100 g Zucker

Oder eine Streuselvariation aus dem Apfelkuchen-Baukasten

Rührteig herstellen, in die gefettete Fettpfanne des Backofens streichen.
Äpfel schälen, entkernen und vierteln. Dicht an dicht auf den Teig
setzen.
Mit Zucker und Mandelblättchen (oder mit Streuseln) bestreuen.
Ca. 45 Minuten bei 175 Grad backen.

Dazu: Steif geschlagene Sahne, unter die man etwas
Eierlikör gezogen hat.

Apfelkuchen mit Sauerrahmguss

500 g Äpfel
2 EL Zitronensaft

Teig:
150 g Butter
150 g Zucker
1 Päckchen Vanillinzucker
1 Prise Salz
3 Eier
175 g Mehl
1 TL Backpulver
5 EL Milch

Guss:
125 g Sauerrahm
2 Eier
50 g Zucker
1 Prise Zimt

Ofen auf 160 Grad vorheizen.

Äpfel schälen, entkernen und in Spalten schneiden.
In Zitronensaft schwenken.

Rührteig herstellen und in eine Springform streichen.
Apfelstücke in den Teig drücken.
Guss verquirlen und darüber gießen.

Ca. 1 Stunde backen.

Saftiger Apfel-Karotten-Kuchen
Fruchtiger als der übliche Rüblikuchen

4 Eier getrennt
250 g Zucker
1 Päckchen Vanillinzucker
geriebene Zitronenschale
1 Prise Salz

125 g Karotten geschält und gerieben
125 g Äpfel geschält, entkernt und gerieben
250 g geriebene Haselnüsse
2 EL Rum
50 g Mehl
½ Päckchen Backpulver

Puderzucker zum Bestreuen

Eigelbe mit Zucker und Gewürzen schaumig schlagen, mit Karotten,
Äpfeln, Nüssen, Rum, Mehl und Backpulver verrühren. Zuletzt den
Eischnee unterheben.

Teig in eine gefettete Springform streichen.
Ca. 50 Minuten bei 180 Grad backen.

Erkaltet mit Puderzucker bestäuben.

Zucchini-Apfel-Kuchen

3 Eier
300 g Zucker
etwas geriebene Zitronenschale
1 Prise Salz
1 Päckchen Vanillinzucker
1 EL Zimt
400 g Mehl
1 Päckchen Backpulver
250 ml neutrales Öl
100 g geriebene Haselnüsse
200 g geraspelte Äpfel mit Schale
200 g geraspelte Zucchini

Ofen auf 180 Grad vorheizen.

Eier mit Zucker schaumig schlagen, Gewürze unterschlagen, das mit Backpulver gesiebte Mehl abwechselnd mit dem Öl unterheben, zuletzt Nüsse und Raspel unterziehen.

In einer gefetteten, gebröselten Gugelhupfform ca. 60 Minuten backen. Wer mag, überzieht den Kuchen mit Schokoguss.

Fruchtiger Zimtkuchen

225 weiche Butter
225 g Zucker
4 Eier
450 g Mehl
1 Päckchen Backpulver
1 EL Zimt

600 g Apfelwürfel aus entkernten, geschälten Äpfeln
150 g Preiselbeeren aus dem Glas

Butter und Mandelblättchen für die Form

Große Napfkuchenform buttern und mit Mandelblättchen ausstreuen,
ins Gefrierfach stellen, damit die Butter fest wird.

Ofen auf 180 Grad vorheizen.

Butter und Zucker schaumig schlagen, Eier einzeln unterrühren,
Mehl mit Backpulver sieben und unterrühren.
Apfelwürfel und Preiselbeermarmelade unterheben
und in die Napfkuchenform füllen

Ca. 1 Stunde backen.

Smoothie-Kranz

Smoothie:
1 Apfel geschält, entkernt, in Vierteln
1 Banane
1 Handvoll Beeren
Saft ½ Zitrone

Teig:
250 g weiche Butter
200 g Zucker
4 Eier
½ Fläschchen Butter-Vanille-Aroma
1 Prise Salz
375 g Mehl
1 Päckchen Backpulver

Ofen auf 160 Grad vorheizen.

Kranzform buttern und bröseln.

Butter und Zucker schaumig rühren, Eier einzeln darunter schlagen,
Gewürze und das mit Backpulver gesiebte Mehl unterheben.

Obst mit Zitronensaft grob pürieren und unter den Teig heben.

Ca. 60 Minuten backen.

Apfel-Marmorkuchen
Schokoladig - saftig

⧖ *Schnell*

All-in-One-Teig:
280 g Zucker
6 Eier
2-3 Äpfel geschält, entkernt, geraspelt
200 ml neutrales Öl
1 Päckchen Vanillinzucker
geriebene Zitronenschale
280 g Mehl
½ Päckchen Backpulver

20 g Kakaopulver
2 EL Rum
1 Handvoll Schokoraspel

Ofen auf 180 Grad vorheizen.

Eine große Kasten- oder Napfkuchenform fetten und ausbröseln.

All-in-One-Teig schnell zusammenrühren,
die Hälfte in die vorbereitete Form streichen.

Unter die andere Hälfte Kakao, Rum und Schokoraspel heben,
auf den hellen Teig streichen und spiralförmig mit einer Gabel
durch beide Teige gehen, um ein Marmormuster zu erzielen.

45-50 Minuten backen.

Apfelkuchen mit Mandelhaube

1,2 kg Äpfel geschält, entkernt und geraspelt
2 EL Zitronensaft
1 Handvoll Rumrosinen

Teig:
200 g weiche Butter
100 g Zucker
1 EL Rum
½ TL Zimt
3 Eigelbe
2 Eier
225 g Mehl
50 g Speisestärke
3 TL Backpulver
4 EL Milch

Mandelhaube:
3 Eischnee
1 Prise Salz
150 g Zucker
100 g geröstete Mandelblättchen

Ofen auf 180 Grad vorheizen.

Apfelraspel mit Zitronensaft und Rosinen vermischen.
Binis Tipp: Ein paar Esslöffel selbst gemachte Bratapfelmarmelade
(Rezept in diesem Buch) untermischen.

Rührteig herstellen und in die gefettete Fettpfanne des Backofens
streichen. Apfelmasse darauf verteilen.
20 Minuten vorbacken.

Salz, Zucker und Mandelblättchen unter den Eischnee heben.
Masse rasch auf dem vorgebackenen Kuchen verteilen
und weitere 15-25 Minuten backen.

Noch lauwarm in Vierecke schneiden
und evtl. mit Puderzucker bestäuben.

Blitz-Apfelkuchen

1.500 g Äpfel

125 ml Milch
125 g Butter
4 Eier
250 g Zucker
1 Päckchen Vanillinzucker
300 g Mehl
3 TL Backpulver

Fettpfanne einfetten.
Äpfel schälen, entkernen und in dicke Spalten schneiden.

Milch und Butter aufkochen.
Währenddessen Eier, Zucker und Vanillinzucker schaumig schlagen.
Milch-Butter in dünnem Strahl langsam unterrühren.
Mehl und Backpulver unterheben.

Flüssigen Teig in die Fettpfanne streichen.
Dicht an dicht mit Apfelspalten belegen.

Ca. 40 Minuten bei 160 Grad backen.

Dick mit Puderzucker bestreuen und lauwarm mit Nuss-Eis servieren.

Ratz-Fatz-Apfel-Cornflakes-Kuchen

Idealer Kuchen, wenn sich plötzlich Gäste ansagen.
Maßeinheit ist der leere Sahnebecher.

⏳	*Schnell*

Teig:
1 Becher süße Sahne
1 Becher Zucker
2 Becher Mehl
1 Päckchen Backpulver
4 Eier

4-5 Äpfel geschält, entkernt und geachtelt

Ofen auf 170 Grad vorheizen.

Teigzutaten verquirlen, in die Fettpfanne gießen,
Äpfel darauf verteilen und ca. 15 Minuten backen.

Währenddessen Belag zubereiten.

Belag:
180 g Butter
3 EL Milch
3 EL Zucker
3 Becher Cornflakes

Butter, Milch und Zucker in einem Topf erwärmen
und schmelzen lassen. Topf vom Herd nehmen,
Cornflakes unterrühren.

Masse auf den vorgebackenen Kuchen geben
und weitere 10-15 Minuten backen.

Würziger Apfelkuchen

150 g Butter
150 g Zucker
3 Eier
1 TL Lebkuchengewürz
1 EL Kakao
1 EL Rum
100 g grob geraspelte Schokoladenreste
4 EL Haferflocken
300 g Mehl
3 TL Backpulver
125 ml Milch

500 g Apfelspalten aus geschälten, entkernten Äpfeln

Butter und Zucker schaumig rühren, Eier einzeln unterschlagen,
alle weiteren Zutaten unterrühren, zuletzt das mit Backpulver
gesiebte Mehl im Wechsel mit der Milch.

Zwei Drittel des Teiges in eine gefettete Springform streichen,
Apfelspalten darauf verteilen,
Rest des Teiges darüber füllen.

Ca. 40 Minuten bei Mittelhitze backen.

Apfel-Weihnachtsreste-Kuchen
Schmeckt jedes Mal anders –
ein echter Überraschungskuchen

 Low Waste-Tipp

250 g Zucker
250 g Butter
1 Päckchen Vanillinzucker
5 Eier
250 g Mehl
½ Päckchen Backpulver
5 EL Milch

400 g Apfelwürfel
250 g zerkleinerte Weihnachtsreste
(z.B. Marzipankartoffeln, Dominosteine, Nüsse,
Schokolade, Mandeln, Rosinen, Zitronat, Kokos, Mohn o.ä.)

Ofen auf 170 Grad vorheizen.

Reste vorbereiten und fein hacken.

Butter, Zucker, Vanillinzucker und Eier schaumig rühren.
Mehl, Backpulver und Milch unterrühren.
Die vorbereiteten Reste und die Apfelwürfel unterheben.

Die Masse in eine gefettete Kastenform geben
und ca.60 Minuten backen.

Apfelkuchen – zucker- und mehlfrei (low carb)
Von Anna, Schwiegertochter und Freundin

80 g Butter
5 Eigelbe
150 g gemahlene Nüsse
70 g Haferkleie
1 Päckchen Backpulver
½ TL Zimt
1 Messerspitze Lebkuchengewürz
Abrieb einer Orange
2 EL Back-Kakao
4 EL Xylit oder Eritrit
5 Eischnee

6 große Äpfel

Rührteig herstellen, zuletzt den Eischnee unterheben.

Die Hälfte des Teiges in die Springform streichen.
Äpfel schälen, entkernen, vierteln und auf den Teig legen.
Rest des Teiges darüber streichen.

40 Minuten bei 160 Grad backen.

Glasierter Apfelkuchen
Den brachte meine Kollegin, Rita K.,
viele Jahre zum Geburtstag mit.

Rührteig:
200 g weiche Butter
200 g Zucker
1 Päckchen Vanillinzucker
5 Eier
250 g Mehl
2 TL Backpulver

Füllung:
1 kg Äpfel

Zum Aprikotieren:
5 EL Aprikosenmarmelade
1 EL Rum

Glasur:
125 g Puderzucker
etwas Zitronensaft

Zum Bestreuen nach dem Backen:
Eine Handvoll geröstete Mandelblättchen

Ofen auf 175 Grad vorheizen.

Springform buttern.
Äpfel schälen, entkernen und in dicke Spalten schneiden.
Rührteig zubereiten, die Hälfte in die Springform streichen,
Apfelspalten darauf verteilen, restlichen Teig darüberstreichen.
Ca. 50-60 Minuten backen.

Marmelade und Rum aufkochen und mit einem Pinsel
auf dem noch warmen Kuchen verteilen. Antrocknen lassen.
Dicke Glasur anrühren und den Kuchen damit überziehen.
Geröstete Mandelblättchen aufstreuen.

Apfelkuchen aus dem Pool der Multi-Variationen-Kuchen

Perfekt, wenn Sie schnell und unkompliziert
backen wollen. Mein Ferienwohnungs-Hit ☺

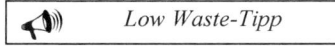

⌛ *Schnell*

All-in-One-Teig:
(1 Tasse entspricht 150 ml)

1 Tasse Sahne
1 Tasse Zucker
2 Tassen Mehl
1 Päckchen Vanillinzucker
1 Päckchen Backpulver
4 Eier

2 große Äpfel entkernt, geschält, klein geschnitten
3 EL Rosinen

Ofen auf 180 Grad vorheizen
Alle Teigzutaten gut verrühren, Äpfel und Rosinen unterheben.
In eine vorbereitete Form geben und ca. 30 Minuten backen.

Weitere Variationen:

📢 *Low Waste-Tipp*

- **Schokoladenkuchen** (3 EL Mehl durch 3 EL Kakaopulver ersetzen)
- **Kokoskuchen** (½ Tasse Mehl durch ½ Tasse Kokosraspel ersetzen)
- **Nusskuchen** (½ Tasse Mehl durch 1 Tasse gemahlene Nussreste ersetzen)
- **Ameisenkuchen** (1 Tasse Schokostreusel zugeben)
- **Müslikuchen** (1 Tasse Mehl durch 1,5 Tassen Früchtemüsli ersetzen)
- **Teekuchen** (1 Tasse gehackte kandierte Früchte zugeben)
- **Nussknackerkuchen** (1 Tasse gemischte gehackte Nüsse zugeben)
- **Nougatkuchen** (½ Tasse Zucker durch ½ Tasse Nutella ersetzen)
- **Obstkuchen** (Teig auf ein gefettetes Blech streichen, mit Dosenobst wie Pfirsichen, Ananas, Birnen, Mandarinen - abgetropft und in Spalten – belegen und backen.)

Apfelkuchen mit knuspriger Haube

Rührteig:
100 g weiche Butter
100 g Zucker
3 Eigelbe
2 Eiweiß
½ TL Zimt
1 Päckchen Vanillinzucker
200 g Mehl
2 TL Backpulver

1 kg Äpfel schälen, entkernen, in schmalen Spalten
2 EL brauner Zucker

Belag:
100 g Mandelblättchen
½ TL Zimt
3 EL Sahne
1 Eiweiß
3 EL Zucker
1 TL Zitronensaft

Ofen auf 170 Grad vorheizen.
Rührteig herstellen und in eine gefettete Springform streichen.
Apfelspalten dicht an dicht in den Teig stecken, mit Zucker bestreuen.
15 Minuten vorbacken.

Eiweiß steif schlagen, dabei Zucker und Zitronensaft unterheben,
Mandeln, Zimt und Sahne vorsichtig darunterziehen.
Masse auf die Äpfel geben.

Ca. 30 Minuten weiter backen.
Abdecken, wenn die Mandeln zu dunkel werden!

Apfel-Nuss-Kuchen

4 große Äpfel geschält, entkernt, gewürfelt
50 g Zucker
3 EL Schnaps
Saft einer halben Zitrone

Vermischen und eine halbe Stunde ziehen lassen.

Teig:
250 g weiche Butter
160 g Zucker
1 Päckchen Vanillinzucker
¼ TL Salz
3 Eier
200 g Mehl
50 g Hafer- oder Weizenkleie (oder Grieß)
100 g gemahlene, leicht angeröstete Haselnüsse
1 Päckchen Backpulver
3 EL Kakao
½ TL Zimt

Ofen auf 175 Grad vorheizen.

Butter, beide Zucker und Salz schaumig schlagen,
nach und nach die Eier unterrühren,
alle weiteren Teigzutaten unterheben,
zuletzt die Apfelmischung.

Teig in eine gefettete Springform streichen,
ca. 50-60 Minuten backen.

Nach dem Abkühlen mit Puderzucker bestäuben
oder mit Rumguss überziehen.

Apfelkuchen Scharlotka

*Von Christa aus dem Chor - eigentlich der gute
alte Eischwer-Teig ohne Fett - eignet sich
wunderbar für Äpfel*

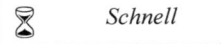 *Schnell*

500 g Äpfel geschält, entkernt, in dünnen Scheiben

3 Eier
180 g Zucker
150 g Mehl
½ TL Backpulver

Ofen auf 180 Grad vorheizen.

Eier mit Zucker schaumig schlagen.
Mehl mit Backpulver sieben und unterheben.

Springform fetten, zwei Drittel des Teiges hineingeben,
Apfelspalten darauf verteilen, mit dem restlichen Teig bedecken
und ca. 30 Minuten backen.

Schmeckt am besten frisch mit geschlagener Sahne.

Apfel-Punsch-Kuchen

400 g Apfelwürfel
2 EL Zitronensaft

Teig:
100 g Vollmilch-Kuvertüre
250 g Butter
1 Prise Salz
1 Päckchen Vanillinzucker
240 g Zucker
4 Eier
100 g gemahlene Haselnüsse
400 g Mehl
½ Päckchen Backpulver
2 TL Zimt
200 ml Glühwein

Glasur:
200 g Puderzucker
etwas Glühwein

Apfelwürfel in Zitronensaft schwenken.

Kuvertüre sanft schmelzen, etwas abkühlen.

Ofen auf 175 Grad vorheizen.

Butter mit Salz und Zucker schaumig rühren, Eier einzeln unterrühren,
flüssige Kuvertüre und alle restlichen Zutaten unterheben,
zuletzt die Apfelwürfel.

Teig in eine gut gefettete, gebröselte Gugelhupfform füllen.
Ca. eine Stunde backen.

Erkaltet mit Glasur überziehen.

Apfelkuchen mit Zwiebackhaube

Apfelfüllung:
1 kg Äpfel, geschält, entkernt, geachtelt
etwas Butter und Zitronensaft

Zwiebackhaube:
125 g Butter
60 g Zwieback (5 Stück), fein zerkrümelt
75 g Zucker
1 Päckchen Vanillinzucker

Rührteig:
125 g weiche Butter
100 g Zucker
1 Päckchen Vanillinzucker
1 Prise Salz
2 Eier
200 g Mehl
2 TL Backpulver

Apfelachtel mit Butter und Zitronensaft 3-4 Minuten dünsten.
Abkühlen.
Für die Zwiebackhaube Butter schmelzen, etwas abkühlen
und mit Zwiebackbröseln und Zucker mischen.

Ofen auf 170 Grad vorheizen.

Für den Teig Butter, Zucker und Gewürze schaumig rühren,
Eier einzeln unterrühren, das mit Backpulver gemischte
und gesiebte Mehl unterheben.

Teig in eine gefettete Springform füllen, Apfelachtel in den Teig stecken
und die Zwiebackmasse klecksweise darauf verteilen.

Ca. 45 Minuten backen.

Apfel-Zwieback-Kuchen
Verkehrtherum

Teig:
80 g zerlassene Butter
2 Eier
150 g Zucker
1 Päckchen Vanillinzucker
1 EL Zitronensaft
125 g Mehl
2 TL Backpulver

Für die Form:
40 g Butter
100 g Zucker

Apfelmasse:
1 kg Apfelwürfel aus geschälten, entkernten Äpfeln
5 grob zerstoßene Zwiebäcke
75 g gehackte Mandeln
1 EL Rum
1 Prise Zimt

Ofen vorheizen auf 175 Grad.

Alle Zutaten für die Apfelmasse vermischen.

40 g Butter in eine Tarteform (oder Springform) geben und im Ofen
schmelzen lassen. Herausnehmen und 100 g Zucker gleichmäßig darauf
streuen. Apfelmasse darauf verteilen.

Für den Teig Butter und Zucker schaumig rühren, Eier und Gewürze
unterrühren, das mit Backpulver gesiebte Mehl unterheben
und den Teig auf die Apfelmasse streichen.

Ca. 50 Minuten backen, evtl. nach einer halben Stunde abdecken,
Teig soll hell bleiben.

Nach dem Backen stürzen, so dass die Apfelmasse oben ist.

Falls Sie mögen: Aprikotieren!

Apfelkuchen mit Kokosraspeln

Rührteig:
100 g weiche Butter
100 g Zucker
2 Eier
1 Prise Salz
200 g Mehl
2 TL Backpulver

Belag:
750 g Äpfel
3 EL Zitronensaft

100 g weiche Butter
100 g Zucker
3 Eier
75 g Kokosraspel

Ofen auf 175 Grad vorheizen.

Äpfel schälen, entkernen und raspeln, mit Zitronensaft vermischen.

Für den Teig Butter und Zucker schaumig rühren, Eier und Salz unterrühren, das mit Backpulver gesiebte Mehl unterheben und den Teig in eine gefettete Springform streichen.

Für den Belag Butter mit Zucker schaumig schlagen, Eier unterrühren und Kokosraspel unterheben, zuletzt die Apfelraspel.

Belag auf den Teig streichen, ca. 50 Minuten backen.

Apfel-Erdnuss-Kuchen

250 g weiche Butter
100 g Rohrzucker
100 g Zucker
1 Päckchen Vanillinzucker
3 Eier
200 g Sahne
350 g Dinkelmehl
1 Päckchen Backpulver
500 g Apfelwürfel aus entkernten, geschälten Äpfeln
100 g gesalzene Erdnüsse, grob gehackt

Puderzucker zum Bestäuben

Herd auf 180 Grad vorheizen.

Butter mit beiden Zuckersorten schaumig rühren,
Eier unterrühren, Sahne abwechselnd mit dem Mehl
und Backpulver unterrühren.
Zuletzt Apfelwürfel und Erdnüsse unterheben.

In eine gefettete Springform füllen, ca. 60 Minuten backen.

Vor dem Servieren mit Puderzucker bestäuben.

Schneller Apfelblechkuchen

 Schnell

2 kg Äpfel geschält, entkernt, geviertelt
etwas Zitronensaft

Teig:
400 g Sahne
225 g Zucker
1 Päckchen Vanillinzucker
5 Eier
450 g Mehl
1 Päckchen Backpulver
etwas geriebene Zitronenschale

Äpfel im Zitronensaft wenden.

Ofen auf 175 Grad vorheizen.

Sahne mit Zucker halbsteif schlagen, Eier einzeln unterrühren,
das mit Backpulver gesiebte Mehl und die Zitronenschale unterheben.
Die Fettpfanne des Backofens mit Backpapier auslegen.

Teig darauf streichen, Äpfel in den Teig stecken, ca. 30 Minuten backen.

Sehr gut: Apfel- oder Quittengelee erwärmen,
nach dem Backen über den noch warmen Kuchen träufeln.

Schoko-Apfelschnitten mit Likör

Teig:
250 g weiche Butter
200 g Zucker
1 Prise Salz
1 Päckchen Vanillinzucker
4 Eier
300 g Mehl
50 g Speisestärke
2 EL Kakaopulver
3 TL Backpulver

Apfelbelag:
2 kg Äpfel geschält, entkernt, gewürfelt
250 ml Apfelsaft
1 Vanillepuddingpulver
50 g Zucker

Topping:
400 g Schlagsahne
50 g Zucker
100 ml Eierlikör

Schokostreusel zum Bestreuen

Ofen auf 170 Grad vorheizen.

Rührteig herstellen und in die gefettete Fettpfanne des Ofens streichen. Ca. 25 Minuten backen. Abkühlen lassen.

Aus Apfelsaft, Vanillepuddingpulver und Zucker einen dicken Pudding kochen, mit den Apfelwürfeln vermischen und etwas abgekühlt auf den gebackenen Teig streichen.

Vor dem Servieren mit steifgeschlagener Sahne, die mit Zucker und Eierlikör vermischt wurde, bestreichen, mit Schokostreuseln bestreuen und in Schnitten schneiden.

Knackiger Apfel-Streuselkuchen

Teig:
250 g weiche Butter
250 g Zucker
1 Prise Salz
1 Päckchen Vanillinzucker
5 Eier
350 g Mehl
1 Päckchen Backpulver

Apfelbelag:
2 kg Äpfel geschält, entkernt, geachtelt
Saft einer Zitrone
50 g Zucker
½ TL Zimt

Streusel:
120 g weiche Butter
120 g Zucker
1 Prise Salz
1 Messerspitze Zimt
1 EL abgeriebene Zitronenschale
150 g Mehl
80 g Mandelstifte

Streusel herstellen, zuletzt die Mandelstifte untermischen, kalt stellen.

Zutaten für den Apfelbelag mischen.

Ofen auf 175 Grad vorheizen.

Rührteig herstellen und in die gefettete Fettpfanne des Backofens streichen, Äpfelachtel gleichmäßig in den Teig drücken.

Streusel darüber verteilen.

Ca. 45 Minuten goldbraun und knusprig backen.

Mit Puderzucker bestreut servieren.

Mexikanische Apfeltorte

Heißt wirklich so, obwohl die Zutaten gar nicht mexikanisch klingen.

Apfelfüllung:
500 g Äpfel geschält, entkernt, zerkleinert
Saft einer halben Zitrone
40 g Butter
75 g gehackte Mandeln
60 g Zucker
1 EL Sirup

Rührteig:
150 g weiche Butter
125 g Zucker
2 Päckchen Vanillinzucker
3 Eier
125 g Haferflocken
50 g Mehl
1 TL Backpulver
etwas geriebene Zitronenschale
1 Prise Salz

Äpfel mit Zitronensaft und Butter 5 Minuten dünsten, mit Mandeln, Zucker und Sirup mischen und etwas abkühlen.

Ofen auf 180 Grad vorheizen.

Butter, Zucker und Vanillinzucker schaumig schlagen, nach und nach Eier unterrühren, dann die restlichen Teigzutaten.

¾ des Teiges in eine gefettete Springform streichen, Apfelfüllung darauf verteilen, restlichen Teig mit einem Teelöffel als kleine Häufchen auf die Füllung setzen.

Ca. 50 Minuten backen.

Schneller Joghurt-Apfel-Kuchen mit Grieß

 Schnell

110 ml neutrales Öl
75 g Joghurt
175 g Zucker
1 Päckchen Vanillinzucker
3 Eier
75 g Mehl
125 g Weichweizengrieß
½ Päckchen Backpulver

500 g Äpfel geschält, entkernt, in Achteln

Teigzutaten zusammen rühren, in eine gefettete Springform füllen,
Äpfel hineindrücken, bei 170 Grad ca. 40 Minuten backen.

Apfel-Käsekuchen ohne Boden

3-4 Äpfel entkernt, geschält und gewürfelt

150 g weiche Butter
6 Eier, getrennt
2 Päckchen Vanillinzucker
150 g Zucker
1 Prise Salz
Saft und geriebene Schale einer Zitrone
500 g Quark, 20% Fett
450 g Schmand
2 Päckchen Vanillepuddingpulver
2 cl Eierlikör

Backofen auf 180 Grad vorheizen.
Eiweiß mit Salz zu steifem Schnee schlagen.

Butter mit Eigelb und Zucker schaumig rühren.
Alle weiteren Zutaten unterheben, zuletzt Eischnee und Apfelwürfel.

In eine gefettete Springform füllen und ca. 60 Minuten backen.

Apfelkuchen Doris

Mit dem hast Du uns immer empfangen,
herrlich der Duft nach frischem Apfelkuchen und
Kaffee nach 600 km Autobahn... lange sitzen und
quatschen, sich umarmen, ich vermisse es,
R.I.P. liebe Doris

Rührteig:
100 g weiche Butter
100 g Zucker
1 Päckchen Vanillinzucker
2 Eier
1 Prise Salz
3 Tropfen Backöl Zitrone
150 g Mehl
50 g Speisestärke
2 TL Backpulver
3 EL Milch

750 g Äpfel geschält, entkernt, in dicken Scheiben

Streusel:
150 g Mehl
100 g Zucker
1 Päckchen Vanillinzucker
100 g Butter

Streusel rasch zusammenkneten und kalt stellen.

Ofen auf 170 Grad vorheizen.

Butter mit Zucker schaumig schlagen, Eier und Gewürze unterschlagen, mit dem Backpulver und der Speisestärke gesiebtes Mehl im Wechsel mit der Milch unterheben.

Teig in eine gefettete Springform streichen, Äpfel hineinstecken, Streusel darüber geben, ca. 40 Minuten backen.

Lauwarm am besten.

Butterscotch-Apfelkuchen

Die Sauce schmeckt immer wieder köstlich zu jeder Art von Cremes oder einfach zum Löffeln, da muss gar kein Apfelkuchen dabei sein

Rührteig:
350 g weiche Butter
260 g Zucker
1 Prise Salz
einige Tropfen Butter-Vanille-Aroma
7 Eier
100 g Weichweizengrieß
300 g Mehl
3 TL Backpulver

Apfelbelag:
1,5 kg Äpfel geschält, entkernt, in Achteln

Butterscotch-Sauce:
200 g brauner Zucker
150 g Schlagsahne
50 g Butter
1 Prise Salz
3 EL Weinbrand oder Cognac oder Apfelschnaps

Ofen auf 180 Grad vorheizen.

Für den Teig Butter, Zucker und Gewürze schaumig rühren. Eier einzeln unterrühren, Grieß, Mehl und Backpulver unterheben.

Teig in die gefettete Fettpfanne des Ofens streichen, Apfelachtel darauf stecken, 35-40 Minuten backen.

Währenddessen Zucker, Sahne und Butter in einem Topf zum Kochen bringen und bei schwacher Hitze ca. 4 Minuten kochen lassen, regelmäßig umrühren.
Salz und Cognac unter die Sauce rühren, etwas abkühlen.

Den warmen Kuchen mit der Sauce beträufeln und servieren.

Apfel-Nuss-Schoko-Kuchen
Danke, Frau S., für dieses fabelhafte Rezept

 Low Waste-Tipp

Teig:
200 g weiche Butter
180 g Zucker
4 Eigelbe
3 EL Rum
1 TL Zimt
100 g geriebene Schokoladenreste
125 g geriebene Nüsse
125 g Mehl
2 TL Backpulver
4 Eischnee

500 – 800 g Äpfel geschält, entkernt, geachtelt
etwas Zitronensaft

Topping:
1 Becher geschlagene Sahne
40 ml Schoko- oder Eierlikör

Ofen auf 180 Grad vorheizen.

Apfelachtel bereitstellen, mit etwas Zitronensaft beträufeln.
Butter und Zucker schaumig rühren, nach und nach Eigelbe,
Rum und Zimt unterrühren. Mehl und Backpulver sieben,
im Wechsel mit Schokolade und Nüssen unterheben,
zuletzt den Eischnee.

Die Hälfte des Teiges in eine gefettete Springform streichen,
Apfelachtel darauf verteilen, Rest des Teiges darüber streichen
und ca. 45 Minuten backen.

Auf den vollständig abgekühlten Kuchen die Sahne häufeln
und mit Likör beträufeln.

Apfel-Marzipan-Gugelhupf

200 g weiche Butter
200 g Zucker
200 g zerpflückte Marzipan-Rohmasse
5 Eier
100 g grob gehackte Walnüsse
1 großer Apfel geschält, entkernt, geraspelt
400 g Mehl
1 Päckchen Backpulver

Zitronenguss
gehackte Walnüsse

Ofen auf 180 Grad vorheizen.

Butter mit Zucker und Marzipan schaumig schlagen.
Eier einzeln unterrühren.

Mit Backpulver gesiebtes Mehl im Wechsel mit Nüssen und
Apfelraspeln unter den Teig heben. Evtl. noch etwas Milch
unterrühren, wenn der Teig zu fest ist.

Teig in eine gefettete und gebröselte Napfkuchenform füllen.

Ca. 1 Stunde backen.

Abgekühlt mit Zitronenguss überziehen und mit Walnüssen bestreuen.

Grießkuchen mit Äpfeln

Low Waste-Tipp

150 g Butter
150 g Zucker
3 Eier
200 g Weichweizengrieß
100 g Mehl
3 TL Backpulver
125 ml Milch
2 gehäufte EL Kakao
4 EL Haferflocken
1 EL Rum
½ TL Zimt

100 g gehackte Schokoladenreste
1 kg Apfelwürfel aus geschälten, entkernten Äpfeln

Ofen auf 180 Grad vorheizen.

Butter und Zucker weißschaumig rühren, Eier einzeln unterrühren, alle anderen Zutaten - zuletzt Schokolade und Äpfel - unterheben.

In eine gefettete Springform füllen, 50-60 Minuten backen.

Mit Puderzucker bestreut servieren.

Apfel-Walnusskuchen mit Zimtsirup

Sirup:
250 ml Wasser
250 g Zucker
3 TL Zimt
Aufkochen und ca. 20 Minuten köcheln lassen.
25 g Butter unter den Sirup rühren.

20 Minuten abkühlen lassen, mehrmals umrühren.

Belag:
150 g Walnusskerne, gehackt
1 kg Äpfel, geschält, entkernt, in großen Würfeln

Teig:
250 g Butter
200 g Zucker
1 Päckchen Vanillinzucker
1 Prise Salz
5 Eier
450 g Mehl
1 Päckchen Backpulver
100 ml Milch

Ofen auf 175 Grad vorheizen.

Butter, Zucker, V-Zucker und Salz schaumig rühren. Eier einzeln
unterrühren. Mehl und Backpulver mischen und sieben und
abwechselnd mit der Milch unter den Teig heben.
Teig in die gebutterte Fettpfanne des Ofens streichen.

Ein Drittel des Sirups auf den Teig träufeln, mit der Gabel
durch den Teig ziehen, erneut glatt streichen.
Apfelwürfel gleichmäßig auf dem Teig verteilen und andrücken.
Mit den Walnusskernen bestreuen und ein weiteres Drittel
des Sirups darüber träufeln.

25-30 Minuten backen.

Abkühlen lassen und vor dem Servieren
restlichen Sirup darüber träufeln.

Nostalgischer Apfelkuchen vom Blech

Altes Rezept aus den 60er Jahren - da wurde noch viel Mehl verwendet und an den teureren Zutaten gespart - trotzdem erstaunlich locker und erinnert mich an Großelternbesuch in der Kindheit ☺.

150 g weiche Butter
150 g Zucker
1 Päckchen Vanillinzucker
½ TL Salz
2 Eier
500 g Mehl
1 Päckchen Backpulver
knapp ¼ l Milch

2-3 kg Äpfel geschält, entkernt, in Achteln oder Vierteln
Zimtzucker

Ofen auf 180 Grad vorheizen. Rührteig in die gebutterte Fettpfanne streichen, Äpfel dicht an dicht in den Teig stecken.
30-40 Minuten backen.
Nach dem Backen dick mit Zimtzucker bestreuen.

Mutschelmehl-Apfelkuchen

Ruck-Zuck-Rezept ohne Fett - aus einem alten „Leimer-Rezept-Heftchen" für das man noch Briefmarken einschicken musste.

 *Schnell*

4 Eier
250 g Zucker
geriebene Schale einer halben Zitrone
250 g Semmelbrösel (= Mutschelmehl)

1,5 kg Äpfel geschält, entkernt, geviertelt
1 EL Wasser
3 EL Zucker

Ofen auf 170 Grad vorheizen
Apfelviertel mit Wasser und Zucker kurz andünsten, etwas abkühlen.
Eier mit Zucker mindestens 10 Minuten dickschaumig schlagen,
Mutschelmehl unterheben, Teig in eine gefettete Springform streichen,
Apfelviertel hineinstecken. Ca. 35 Minuten bei 170 Grad backen.
Unbedingt frisch essen – mit viel Schlagsahne!

Plattenkuchen nach Großmutters Art
So schmeckt der Herbst.

Teig:
250 g Butter
250 g Zucker
1 Päckchen Vanillinzucker
5 Eier
1 Rum-Aroma
500 g Mehl
1 Päckchen Backpulver
Milch

Belag:
500 g Zwetschgen entsteint, halbiert
1 kg Äpfel geschält, entkernt, in Achteln

Zum Bestreuen:
eine Handvoll Mandelblättchen
viel Zimtzucker

Ofen auf 175 Grad vorheizen.

Butter mit Zucker schaumig rühren, Eier und Aroma unterrühren, Mehl
mit Backpulver darüber sieben, mit so viel Milch (kurz!) verrühren, bis
der Teig schwer reißend vom Löffel fällt.

In die gefettete Fettpfanne streichen, Zwetschgen und Äpfel im Wechsel
in den Teig stecken, dick mit Mandelblättchen und Zimtzucker
bestreuen.

Ca. 45 Minuten backen.

Gefüllter Saftkuchen
Aus dem Schulkochbuch meiner Mutter

Schnell

Teig:
200 g Margarine
1 Päckchen Vanillinzucker
160 g Zucker
4 Eier
Saft von einer Zitrone
200 g Mehl
1 TL Backpulver

Belag:
1 kg Äpfel, geschält, entkernt, in Achteln

Herd auf 170 Grad vorheizen.

Margarine auf dem Herd (oder in der Mikrowelle) lauwarm
zerschleichen lassen, mit allen übrigen Teigzutaten verquirlen.

Teig in die gefettete Fettpfanne des Backofens gießen,
mit den Äpfeln belegen und etwa 30 Minuten backen.

Im Schulkochbuch meiner Mutter steht noch, dass man ein Päckchen
Sahnesteif gleichmäßig über den Teig streuen soll, bevor man die Äpfel
in den Teig steckt (falls die Äpfel sehr saftig sind).

Vollkorn-Apfelkuchen
nicht so süß

Rührteig:
125 g weiche Butter
3 EL Honig
3 Eier
135 g frisch gemahlener Weizen
3 TL Backpulver
100 g Rosinen in 5 EL Rum eingelegt
1 Prise Salz
etwas geriebene Zitronenschale

Apfelbelag:
5-6 Äpfel geschält, entkernt, in Achteln
Saft einer Zitrone

Guss:
2 Eier
2 EL Zuckerrohrgranulat
400 ml Crème fraîche
½ TL Lebkuchengewürz

Ofen auf 180 Grad vorheizen.

Äpfel mit Zitronensaft vermischen.

Butter mit Honig schaumig rühren, Eier einzeln unterrühren,
gemahlenen Weizen, Backpulver, Rosinen mit Rum, Salz
und Zitronenschale unterheben.

Teig in eine gefettete Springform füllen,
Apfelachtel darauf verteilen.
Guss verquirlen und darüber gießen.

Ca. 50 Minuten backen.

Großes Vollkorn-Apfelblech mit Mandelbelag

Teig:
375 g gemahlener Weizen
3 TL Backpulver
200 g brauner Rohrzucker
½ TL Salz
200 g Pflanzenmargarine
3 Eier
150 ml Milch

1,5 kg Äpfel geschält, entkernt in Spalten

Belag:
200 g Pflanzenmargarine
200 g Zucker
3 EL Schlagsahne
60 g gemahlener Weizen
200 g Mandelblättchen

Ofen auf 170 Grad vorheizen.

Alle Teigzutaten auf kleiner Stufe verrühren, 1-2 Minuten
auf höchster Stufe mixen (nicht länger).

Teig in die mit Papier ausgelegte Fettpfanne streichen.
Apfelspalten in den Teig drücken, 15 Minuten backen.

Währenddessen den Belag vermischen und kurz aufkochen,
über den Kuchen streichen und in weiteren 15 Minuten fertig backen.

Apfel-Gewürzkranz mit Vollkornmehl

Vorbereiten:
350 g Apfelwürfel in etwas Zitronensaft geschwenkt

Teig:
100 g brauner Zucker
150 g Zucker
2 Päckchen Vanillinzucker
250 g weiche Butter
6 Eier
2 TL Lebkuchengewürz
geriebene Schale von 1 Zitrone und 1 Orange
2 EL Rum
½ TL Salz
200 g Vollkornmehl
100 g Mehl
1 Päckchen Backpulver
100 ml Milch

100 g Schokorosinen oder eine Handvoll in Rum eingeweichte Rosinen

Ofen auf 170 Grad vorheizen.

Die drei Zuckersorten und die Gewürze mit der Butter schaumig schlagen, Eier einzeln unterschlagen. Beide Mehlsorten mit dem Backpulver mischen und abwechselnd mit der Milch in den Teig rühren, zuletzt Äpfel und Schokorosinen unterheben.

Große Kranzform mit Butter ausstreichen und mit Semmelbröseln bestreuen. Teig einfüllen und ca. 60 Minuten backen.

Nach dem Erkalten mit Puderzucker bestäuben
oder mit Rumguss überziehen.

Schlanker Buttermilch-Apfelkuchen mit Vollkornmehl
Bitte nur frisch essen!

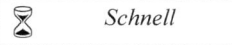 *Schnell*

1 kg Äpfel geschält, entkernt, in Achteln

Teig:
400 g Vollkornmehl
1 Päckchen Backpulver
150 g Zucker
300 ml Buttermilch
2 Eier
6 Tropfen Butter-Vanille-Aroma
1 Prise Salz

Ofen auf 180 Grad vorheizen.

Fettpfanne mit Backpapier auslegen.
Teigzutaten verquirlen und darauf streichen.
Äpfel in den Teig stecken, ca. 30 Minuten backen.

Meine Notizen:

....

....

....

....

....

....

....

....

Hefe- und Quark-Öl-Teig

Apfel-Streusel-Kuchen
Danke, Ute, das Rezept ist wirklich die Mutter aller Obst-Streusel-Kuchen.

Vorteig:
500 g Mehl
¾ Würfel Frischhefe
1 TL Zucker
100 ml lauwarmes Wasser

Teigzutaten:
75 g Zucker
1 Päckchen Vanillinzucker
1 Prise Salz
150 ml Milch
75 g Butter

Füllung:
1,5 kg Äpfel
etwas Zitronensaft
1 Stich Butter
1 EL Rum
2 EL Zucker
etwas Zimt

Streusel:
230 g Mehl
150 g Zucker
1 Päckchen Vanillinzucker
150 g zimmerwarme Butter

Mehl in eine verschließbare Schüssel sieben.

Hefe mit Zucker und lauwarmem Wasser verrühren und auf das Mehl gießen. Leicht verrühren, Schüssel schließen und 15 Minuten stehen lassen.

In der Zwischenzeit die Milch etwas erwärmen, Butter zufügen und in der Milch weich werden lassen.

Alle Teigzutaten zum Vorteig geben und mit dem Knethaken
verarbeiten, evtl. noch etwas Milch oder Mehl zugeben.
Kneten, bis sich der Teig vom Schüsselrand löst.

Zudecken und bei Zimmertemperatur etwa 45 Minuten gehen lassen.

Die Äpfel schälen, Kernhaus entfernen und in Viertel schneiden,
in etwas Zitronensaft schwenken, damit sie nicht braun werden.
Butter in der Pfanne heiß werden lassen, abgetropfte Äpfel
(Saft auffangen) darin kurz andünsten; sie müssen noch fest sein.
Mit Rum, Zucker und Zimt würzen. Abkühlen lassen.

Die Streuselzutaten und 1-2 Esslöffel vom aufgefangenen Zitronensaft
schnell mit einer Gabel vermischen, bis grobe Streusel entstehen.
Kalt stellen.

Teig auf Backpapier ausrollen und mit dem Papier auf ein Backblech
legen. Apfelviertel in den Teig stecken, Streusel darüber geben.

Blech auf die mittlere Schiene des Backofens schieben.
Backofentüre schließen.

20 Minuten im ausgeschalteten Ofen gehen lassen.

Dann auf mittlere Hitze schalten und ca. 30 Minuten backen.
Die Streusel dürfen nicht dunkel werden.

Am besten schmeckt er noch lauwarm mit steif geschlagener, eiskalter
Sahne!

Apfel-Marzipan-Schneckenkuchen

Teig:
1 Würfel Hefe
120 ml lauwarme Milch
1 TL Zucker

120 ml lauwarmer Orangensaft
60 g weiche Butter
90 g Zucker
1 Ei
1 TL Salz
480 g Mehl

Füllung:
200 g Marzipanrohmasse
5 EL Rum
1 Ei
½ TL Zimt
1 Prise Salz
abgeriebene Schale einer Orange
100 g gehackte Mandeln
100 g Rosinen, etwas eingeweicht in Rum
500 g feste Äpfel, gewürfelt, in etwas Zitronensaft geschwenkt
100 g brauner Zucker zum Bestreuen

Guss:
100 g Puderzucker
2 EL Zitronensaft

Mehl in eine verschließbare Schüssel sieben.
Hefe mit Zucker und Milch verrühren und auf das Mehl gießen.
Leicht verrühren, Schüssel schließen und 15 Minuten stehen lassen.
In der Zwischenzeit Butter und Ei im lauwarmen Orangensaft weich
werden lassen. Alle Teigzutaten zum Vorteig geben und mit dem
Knethaken verarbeiten, evtl. noch etwas Milch oder Mehl zugeben.
Kneten, bis sich der Teig vom Schüsselrand löst. Zudecken und bei
Zimmertemperatur etwa 45 Minuten gehen lassen.

Für die Füllung Marzipan raspeln, mit Rum, Ei und Gewürzen
verrühren.
Hefeteig zu einer Platte ausrollen, Marzipanmasse aufstreichen,
Mandeln, Rosinen und Äpfel gleichmäßig darauf verteilen, mit braunem
Zucker bestreuen.
Aufrollen (wie eine Biskuitrolle), in gleichmäßige Scheiben (ca. 9 cm
hoch) schneiden und nebeneinander in eine gefettete Springform setzen.
Bei Mittelhitze 30-40 Minuten backen (goldgelb).
Nach dem Erkalten mit Guss bestreichen.

Walnuss-Streusel-Apfel-Datschi

Teig:
150 g Quark
6 EL neutrales Öl
80 g Zucker
1 Ei
300 g Mehl
1 Päckchen Backpulver

Belag:
1.500 g Apfelspalten leicht angedünstet, etwas gezuckert

Streusel:
100 g weiche Butter
100 g Zucker
200 g Mehl
1 TL Zimt
100 g gemahlene Walnüsse

Ofen auf 180 Grad vorheizen.

Fettpfanne des Ofens fetten.
Die Teigzutaten verrühren, zuletzt Mehl und Backpulver unterkneten,
Teig in die Fettpfanne drücken, mit Apfelspalten dicht belegen.

Streusel rasch zusammenkneten und darüber verteilen.

Ca. 40 Minuten bei 180 Grad backen.

Unbedingt frisch essen.

Apfeltarte

Teig:
125 g Weizenmehl
2 TL Backpulver
75 g Zucker
1 Päckchen Vanillinzucker
1 Ei
100 g Quark
90 ml neutrales Öl
100 ml Schlagsahne

Apfelbelag:
750 g Apfelspalten geschält, entkernt

Guss:
100 ml Schlagsahne
1 Ei
25 g gemahlene Nüsse
2 EL Zucker

Ofen auf 170 Grad vorheizen.

Teigzutaten zusammenrühren und in eine gefettete flache Tarteform füllen. Apfelspalten dachziegelartig darauf verteilen.
20 Minuten backen.

Guss verquirlen und auf die vorgebackene Tarte streichen.
Weitere 20 Minuten backen.

Frisch essen.

Torten

Bratapfeltorte
Sahnig, köstlich und so einfach zu machen
die Mutter aller Apfeltorten

Teig:
250 g Mehl
½ Päckchen Backpulver
125 g Zucker
150 g Butter
1 Ei

Füllung:
8-10 kleine feste Äpfel, ideal wäre Boskop
Dicke Marmelade (z.B. die Bratapfelmarmelade aus diesem Buch)

Guss:
1 Päckchen Sahne- oder Vanille-Puddingpulver
4 EL Milch zum Anrühren
750 ml Sahne
125 g Zucker

Mürbteig kneten und eine Springform ausfüttern.
Teig bis zum Rand hochziehen. Kalt stellen.

Äpfel schälen und mit einem Apfelausstecher das Kerngehäuse
ausstechen, die Äpfel müssen ganz bleiben.

Sahne und Zucker aufkochen, das angerührte Puddingpulver einrühren,
einmal aufkochen lassen, vom Herd nehmen.

Äpfel so eng wie möglich auf den Teig setzen, mit dicker Marmelade
füllen, den Pudding darauf und in die Zwischenräume gießen.

60 Minuten bei 180 Grad (Ober/Unterhitze backen).

Es dauert mindestens einen halben Tag, bis die Torte schnittfest ist.

Apfeltorte mit ganzen Äpfeln

Rührteig:
125 g Margarine
1 Päckchen Vanillinzucker
125 g Zucker
3 Eier
100 g gemahlene Mandeln
50 g Semmelbrösel
75 g Speisestärke
3 TL Backpulver
1 EL Rum

8-10 kleine Äpfel – so viele, wie nebeneinander in eine Springform passen

Füllung der Äpfel:
80 g Marzipan
60 g Puderzucker
40 g Butter
1 Eigelb
1 Päckchen Vanillinzucker

50 g gehackte Mandeln
3 EL Zucker

Äpfel schälen und das Kernhaus ausstechen.
Ofen auf 180 Grad vorheizen.

Margarine mit Zucker weißschaumig rühren, restliche Zutaten unterrühren. 1/3 des Teiges in eine gefettete Springform streichen.

Äpfel darauf setzen und mit der verrührten Füllung füllen.

Restlichen Teig zwischen und auf die Äpfel streichen,
Torte mit gehackten Mandeln bestreuen.
Ca. 50 Minuten backen, darf nicht zu dunkel werden.

Nach dem Backen mit dem Zucker bestreuen.

Wein-Apfel-Torte
Von Patrizia G. aus Kirchdorf

Mürbteig:
125 g Zucker
125 g Butter
1 Päckchen Vanillinzucker
1 Ei
250 g Mehl
1 TL Backpulver

Belag:
1,5 kg Äpfel
etwas Zitronensaft
0,75 l Weißwein (alkoholfreie Alternative: Orangensaft)
1 Päckchen Vanillinzucker
250 g Zucker
2 Vanille-Puddingpulver

Topping:
2 Becher Sahne
1 Päckchen Vanillinzucker
1 Sahnesteif
Kakaopulver

Mürbteig herstellen und eine gefettete Springform ausfüttern,
Teig bis zum Rand hochziehen. Kalt stellen.

Äpfel schälen, entkernen, in dünne Scheiben hobeln,
mit etwas Zitronensaft vermischen.
Aus Weißwein, Vanillinzucker, Zucker und Puddingpulver einen dicken
Pudding kochen und mit den Äpfeln vermischen.

Auf den Mürbteig füllen und ca. 1 Stunde bei 180 Grad backen.

Am Vorabend backen, über Nacht abkühlen und fest werden lassen.

Vor dem Servieren die Sahne schlagen, mit Vanillinzucker und
Sahnesteif vermischen und auf die Torte häufeln.

Mit Kakaopulver bestäuben.

Apfel-Schokoladen-Torte
Vorbereiten am Vortag,
15 Minuten Zeitaufwand am Genusstag

Biskuit:

4 Eier getrennt
4 EL heißes Wasser
100 g Zucker
1 TL Backpulver
etwas geriebene Zitronenschale
75 g Mehl
50 g Speisestärke

Eigelbe mit heißem Wasser und der Hälfte des Zuckers dickschaumig
schlagen, Zitronenschale unterheben. Eiweiß zu Eischnee schlagen,
dabei Rest des Zuckers einrieseln lassen.
Eischnee auf die Eigelbmasse gleiten lassen darauf das Mehl mit Stärke
und Backpulver sieben, vorsichtig unterziehen.
Biskuit in einer Springform im vorgeheizten Ofen ca. 25 Minuten
backen. Auskühlen lassen.

Füllung:
6 Äpfel geschält, entkernt, in Stücken
2 EL Zucker
2 EL Wasser
Saft von 1 Zitrone

1 Päckchen Mandelpudding zum Kochen (Vanille geht auch)
5 EL Zucker
350 ml Milch
einige Tropfen Bittermandelaroma

Topping:
300 g Zartbitterschokolade
375 g Sahne

Am Vortag:
- Biskuit backen.
- Äpfel mit Zucker, Wasser und Zitronensaft dünsten.
- Dicken Pudding aus den angegebenen Zutaten kochen
  und mit den Äpfeln vermischen.
- Sahne erwärmen und Schokolade darin schmelzen. Kalt stellen.

Am Genusstag:
- Biskuit einmal quer durchschneiden.
- Apfelpudding auf den Boden streichen und den zweiten Boden
  als Deckel aufsetzen.
- Schokosahne aufschlagen und die Torte damit bestreichen.
- Kalt servieren.

Ein besonderer Apfelkuchen

6 gleich große aromatische Äpfel
¼ l Weißwein
60 g Zucker

2 Rollen Blätterteig aus der Kühlung

Creme:
1 Ei
150 g Zucker
1 Päckchen Vanillinzucker
knapp 125 ml Milch
40 g Butter und
200 g Butter
2-4 EL Quittengelee
100 g gemahlene Mandeln
1 Eigelb

125 ml Sahne

Zuerst die Creme zubereiten: Ei, Zucker, Vanillinzucker, Milch und 40 g Butter unter ständigem Rühren zum Kochen bringen, vom Herd nehmen, abkühlen lassen.
Äpfel halbieren, schälen und das Kernhaus herausschneiden, in Weißwein und Zucker etwas dünsten, sie dürfen nicht zerfallen. Abkühlen.

Eine Rolle Blätterteig rund zuschneiden* (Durchmesser etwas größer als die Springform, evtl. anstückeln) und in die gefettete Springform legen. Rand etwas hochziehen. Die zweite Packung in Springformgröße zuschneiden, sie wird später als Deckel verwendet.

Löffelweise die 200 g Butter unter die abgekühlte Creme rühren, daumendick auf den Boden streichen, etwas übrig lassen.
Die Äpfel mit der Rundung nach unten darauf legen, Quittengelee in die Kernhaushöhlen füllen und alles mit den Mandeln bestreuen.
Teigdeckel darauf legen und mit verquirltem Eigelb bestreichen.
Bei 170 Grad 30 Minuten backen.
Die restliche Creme mit der leicht geschlagenen Sahne vermischen und zum lauwarmen Kuchen reichen.

* Blätterteigreste zu Käsestangen verarbeiten: In Streifen schneiden und zusammengesetzt verkordeln (nicht kneten) und mit Käse bestreut backen.

Apfelbienenstich
brachte unser ehemaliger Geschäftsleiter immer an seinem Geburtstag mit. R.I.P. lieber Günter!

Mürbteig:
250 g Mehl
1 Messerspitze Backpulver
65 g Zucker
1 Prise Salz
125 g Margarine
1 Ei

Mürbteig rasch zusammenkneten, eine Springform damit ausfüttern, Rand bis zur Mitte hochziehen, kalt stellen.

Belag:
1 kg Äpfel geschält, entkernt, in großen Würfeln
2 EL Zucker
1 EL Speisestärke

Mandelkruste:
150 g Butter
150 g Zucker
90 g Honig
1 EL Milch
300 g gehobelte Mandeln

Apfelwürfel mit Zucker und Speisestärke vermischen und auf den Mürbteigboden geben.

Für den Belag Butter, Zucker, Honig und Milch aufkochen, Mandelblättchen unterrühren, vom Herd nehmen.

Die Masse auf die Äpfel streichen und ca. 35-40 Minuten bei 160 Grad backen. Lauwarm mit steif geschlagener, eiskalter Sahne genießen.

Binis Tipp: Eine Handvoll Marzipanreste direkt auf die Äpfel raspeln, weiter wie oben beschrieben.

Apfel-Bienenstich-Torte mit Creme

Mürbteig:
350 g Mehl
125 g Zucker
1 Päckchen Vanillinzucker
1 Prise Salz
125 g weiche Butter
2 kleine Eier

Apfel-Belag:
1,5 kg Äpfel geschält, entkernt, in dünnen Scheiben

Creme:
250 g Crème fraîche
75 g Zucker
4 Eier
1 EL Stärke
1 Päckchen Vanillinzucker
1 TL Zimt

Mandelbelag:
75 g Butter
75 g Zucker
100 g Sahne
100 g Mandelblättchen

Mürbteig rasch zusammenkneten, eine Springform damit ausfüttern,
Rand ganz hochziehen, kalt stellen.
Ofen auf 180 Grad vorheizen.

Äpfel auf den Mürbteigboden legen.
Die Zutaten für die Creme verquirlen und gleichmäßig über die Äpfel
gießen.
Kuchen 30 Minuten backen.

Butter und Zucker aufkochen lassen, Sahne unterrühren und etwas
einkochen lassen, vom Herd nehmen, Mandelblättchen unterheben.
Die Masse auf den vorgebackenen Kuchen streichen und ca. 20 Minuten
weiterbacken. Lauwarm mit steif geschlagener, eiskalter Sahne
genießen.

Apfelrahmtorte

Mürbteig:
100 g weiche Butter
50 g Zucker
Salz, etwas geriebene Zitronenschale
1 Eigelb
150 g Mehl
½ TL Backpulver

Mürbteig in eine gefettete Springform drücken.
Rand hochziehen. Kalt stellen (auch über Nacht).

Füllung:
1 kg Äpfel geschält, entkernt, in großen Würfeln
1 EL Butter
etwas Rum
70 g Zucker
etwas Salz und Zimt
2 EL Zitronensaft
Apfelwürfel mit allen Füllungszutaten 5 Minuten dünsten. Etwas abkühlen.

Guss:
350 g saure Sahne
3 Eier
100 g Zucker
50 g Vanillepuddingpulver
200 ml Milch
200 g Sahne

Außerdem:
Aprikosenmarmelade
50 g Biskuit- oder Zwieback- oder Semmelbrösel
Zimtzucker
2 EL flüssige Butter

Mürbteigboden mit Aprikosenmarmelade bestreichen und mit Bröseln bestreuen. Apfelwürfel darauf verteilen. Guss verquirlen und darüber streichen.
30 Minuten backen.
Mit Zimtzucker bestreuen und mit der flüssigen Butter beträufeln.
Weitere 20 Minuten backen, bis die Torte schön goldbraun und buttrig karamellisiert ist.

Apfel-Mascarpone-Torte
Rezept von meiner Tante Gertrud F.

Mürbteigboden:
250 g Mehl
65 g Zucker
1 Ei
80 g Mascarpone
50 g Butter
etwas geriebene Zitronenschale

Belag:
3 EL Preiselbeermarmelade
6 Äpfel, entkernt, geschält und in Vierteln, ein paar Mal eingeschnitten

Guss:
100 g Mascarpone
4 EL Milch
2 Eier
75 g Zucker

Zum Bestreuen:
3 EL Mandelblättchen

Mürbteig rasch zusammenkneten, eine gebutterte Springform damit auslegen, Rand hochziehen. Kalt stellen.

Ofen auf 180 Grad vorheizen.

Preiselbeermarmelade auf dem Mürbteig verstreichen, Apfelviertel darauf verteilen. Guss verquirlen und auf die Äpfel streichen.

Mit Mandelblättchen bestreuen und ca. 35-40 Minuten backen.

Apfel-Amaretto-Torte
Eignet sich bestens zur Eiweißverwertung

Rührteig:
100 g weiche Butter
100 g Zucker
1 Päckchen Vanillinzucker
1 Prise Salz
2 Eier
1 TL gemahlener Zimt
2-3 EL Amaretto
150 g Mehl
1 TL Backpulver

Belag:
2 große Äpfel entkernt, geschält, geachtelt

Makronenmasse:
4 Eiweiß
200 g gesiebter Puderzucker
2 EL Amaretto
2 TL gemahlener Zimt
200 g gemahlene Mandeln

Topping:
400 ml Schlagsahne
1 Sahnesteif
1 Päckchen Vanillinzucker
1 TL Zucker
1 TL gemahlener Zimt

Ofen vorheizen auf 160 Grad.

Rührteig herstellen, in eine gefettete Springform streichen,
Apfelachtel gleichmäßig hineindrücken.

Eiweiß sehr steif schlagen, Puderzucker kurz unterschlagen,
Amaretto, Zimt und Mandeln unterheben.
Masse auf die Äpfel streichen. Form in den Ofen schieben.
Ca. 45 Minuten backen, Form nach der Hälfte der Zeit abdecken,
Belag darf nicht braun werden.

Abkühlen lassen. Sahne mit Sahnesteif, Zucker und Zimt steif schlagen.
Auf die Torte häufeln.

Apfel-Frischkäse-Torte
Ohne Backen - am Vortag zubereiten

Zuerst den Apfelbelag (= 4. Lage) zubereiten, abkühlen lassen.

In dieser Reihenfolge in einer Springform aufeinander schichten, über Nacht im Kühlschrank durchziehen lassen:

1. Lage
200 g Löffelbiskuitbrösel mit
150 g flüssiger Butter verknetet

2. Lage
200 g Frischkäse mit
3 EL Puderzucker und
etwas Amaretto vermischt

3. Lage
50 g geröstete Mandelblättchen

4. Lage
500 g mit etwas Zucker gedünstete Apfelspalten, abgekühlt

5. Lage
2 Becher Sahne mit
2 Päckchen Sahnesteif und
2 Päckchen Vanillinzucker steif geschlagen

Himmelstochter
Danke, liebe Almut, für dieses Rezept

Teig:
100 g weiche Butter
100 g Zucker
1 Päckchen Vanillinzucker
4 Eigelbe
125 g gesiebtes Mehl
½ Päckchen Backpulver

Baiser:
4 Eiweiß
200 g Zucker

Zum Bestreuen:
100 g Mandelblättchen

Füllung nach dem Backen:
500 g Apfelwürfel aus geschälten und entkernten Äpfeln
mit etwas Rum, Zucker und Butter gedünstet, müssen noch bissfest sein
½ l geschlagene Sahne

Ofen auf 180 Grad Umluft (!) vorheizen.

2 Springformen fetten, Rührteig herstellen und den Teig
je zur Hälfte hineinstreichen.

Eiweiß steif schlagen, Zucker einrieseln lassen.
Die Baisermasse auf die beiden Böden verteilen,
Mandelblättchen darüber streuen.
Beide Formen mit Umluft gleichzeitig 30 Minuten backen,
dann auskühlen lassen.

Einen gebackenen Teig als Boden verwenden, den anderen aus der Form
lösen und in 12 Kuchenstücke teilen.

Sahne und abgetropfte Apfelwürfel auf dem Boden verteilen.

Die 12 Tortenstücke als Deckel darauf anordnen.

Im Kühlschrank einige Stunden durchziehen lassen.

Honigkuchentorte mit Apfel-Walnussfüllung

Füllung:
100 g Walnusskerne, gehackt
6 Äpfel entkernt, geschält, grob geraspelt
100 g Rosinen
3 EL Zucker

Teig:
125 g Honig
65 g Butter
2 Eier
125 g Zucker
1 EL Lebkuchengewürz
½ TL Salz
2 EL Rum
200 g Mehl
2 TL Backpulver
100 g zarte Haferflocken

Glasur:
Erwärmte Aprikosenmarmelade
Kuvertüre

Walnusskerne etwas anrösten, mit Apfelraspeln,
Rosinen und Zucker vermischen.

Backofen auf 170 Grad vorheizen.
Springform mit Backpapier auslegen.

Honig mit Butter zerlassen, abkühlen. Eier mit Zucker, Gewürzen und
Rum schaumig schlagen. Mehl mit Backpulver sieben und mit den
Haferflocken mischen.
Honigbutter und Mehlmischung unter den Eischaum heben.

Hälfte des Teiges in die Springform streichen, Apfelfüllung darauf
verteilen. Rest des Teiges darüberstreichen.

40 Minuten backen.

Den noch warmen Kuchen aprikotieren, antrocknen lassen
und mit Kuvertüre überziehen.

So backen die Anderen

Schlesische Mohn-Apfeltorte
Rezept vom Schlesischen Freundeskreis Haar
Der warme Mohnbrei schmeckt köstlich und fast
noch besser als der fertige Kuchen - Suchtgefahr ☺

Mürbteig:
220 g Mehl
120 g Butter
80 g Zucker
1 Eigelb
½ TL Backpulver
1 Prise Salz
etwas geriebene Zitronenschale

Teig rasch verkneten und 3-4 EL für die Streusel zurückbehalten.
Mit dem Teig eine Springform ausfüttern, Rand hochziehen.
Kalt stellen (geht gut über Nacht).

Füllung:
1 Suppenteller voll klein gewürfelter Äpfel geschält, entkernt

400 g frisch gemahlener Mohn
(falls Sie keine Mohnmühle haben:
Gemahlenen Mohn beim Bäcker vorbestellen)
3 EL Grieß
½ TL Salz
1 Handvoll Rosinen
Saft und geriebene Schale einer Zitrone
180 g Zucker
2 Eier
1 gehäufter EL Butter
1 Schuss Rum
knapp ¾ l Milch

Alle Zutaten für die Füllung (bis auf die Apfelwürfel) in einen Kochtopf
geben, mit dem Schneebesen verquirlen, wie einen Grießbrei ca. 3-4
Minuten kochen, vom Herd nehmen, die Apfelwürfel unterheben, etwas
abkühlen.

Mohnbrei in die Springform füllen, restlichen Teig als Streusel darüber
zupfen, ca. 40 Minuten bei 160 Grad backen.

Nach dem Abkühlen können Sie die Torte noch mit Zitronenguss
bestreichen.

Apple Pie (original amerikanisch)

Auf Nantucket wurde er mit Butterscotch-Sauce und Vanille-Eis serviert. Das Saucenrezept finden Sie beim gleichnamigen Apfelkuchen auf S. 70

Teig:
250 g Mehl
1 TL Salz
120 g Pflanzen-Margarine
5-7 EL Eiswasser

Füllung:
750 g Äpfel geschält, entkernt, grob gewürfelt
120-150 g Zucker
½ TL Zimt
2 gehäufte EL Speisestärke

Ofen auf 180 Grad vorheizen.

Mehl, Salz und Margarine rasch mit 2 Gabeln ineinander arbeiten.
Die bröselige Masse mit Eiswasser vermischen, bis sich der Teig als Kloß von der Schüssel löst.
Erst dann kurz mit bemehlten Händen durchkneten.
Mit der Hälfte des Teiges eine Pie-Form (oder Tarte-Form) auslegen.

Apfelstücke mit Zucker-Zimt-Stärke-Gemisch vermischen
und auf den Boden füllen.
Zweite Teighälfte als Deckel ausrollen und auf die Äpfel legen.
Mit einer Gabel Löcher in den Teigdeckel stechen.

Ca. 45 Minuten backen.

Falls Sie eine goldbraune, würzige Pie wünschen:
Geben Sie 2 EL braunen Rohrzucker und ½ TL Zimt zum Teig,
weiter wie oben beschrieben.

Apple-Cobbler

Apfelmasse:
6 große Äpfel geschält, entkernt, in Würfeln
Saft einer halben Zitrone
3 EL Honig
1 EL Butter

Ofen auf 180 Grad vorheizen.

Apfelwürfel in Butter und Zitronensaft andünsten,
vom Herd nehmen, mit dem Honig verrühren.
In eine gefettete Auflaufform füllen.

Teig:
125 g Crème double
5 EL Sauerrahm
165 g Mehl
60 g Zucker
1 TL Backpulver
1 Messerspitze. Natron
1 Prise Salz
4 EL Butter

Zum Bestreuen:
Zucker
Mandelblättchen

Teigzutaten rasch zu einem dicken, klebrigen Teig mischen,
löffelweise auf die Äpfel geben, Lücken lassen.

Dick mit Zucker und Mandelblättchen bestreuen, ca. 25 Minuten backen,
bis der Teig goldbraun ist.

Noch warm mit kalter Vanillesauce oder Vanille-Eis servieren.

1-Personen-Apple-Crumble

1-2 Äpfel
1 TL Butter
1 EL Rum
etwas brauner Zucker

30 g Butter
30 g Zucker
80 g Mehl
Je eine Prise Salz und Zimt

Ofen auf 170 Grad vorheizen.

Äpfel schälen, entkernen und zerkleinern.
1 TL Butter, Rum, braunen Zucker und die Apfelstücke in eine kleine
Auflaufform geben und 10 Minuten in den Ofen stellen.
Butter, Zucker, Mehl und Gewürze rasch zu Streuseln kneten.
Auflaufform aus dem Ofen nehmen, Apfelmasse gut umrühren,
Streusel darüber geben und bei 180 Grad ca. 15 Min. backen.

Nussiger Apple Crumble

1 kg Äpfel entkernt, geschält, in kleine Stücke geschnitten
2 EL Zucker
½ TL Zimt

1 EL Butter für die Form

225 g Mehl
150 g Butter
75 g gemahlene Haselnüsse
75 g gehackte Haselnüsse
130 g Zucker
1 Prise Salz

Ofen auf 180 Grad vorheizen.
1 EL Butter in die Auflaufform geben und im Rohr schmelzen lassen.
Äpfel mit Zucker und Zimt mischen und in die Auflaufform füllen.
Zutaten für den Teig rasch zusammenkrümeln, auf die Äpfel verteilen
und 35-40 Minuten backen.
Lauwarm mit eiskalter Vanillesauce genießen.

Vollkorn – Applecrumble

1 kg Äpfel entkernt, mit Schale geachtelt
2 EL Zucker
1 EL Butter
1 EL Zitronensaft

1 EL Butter für die Form

100 g Vollkornmehl
75 g Butter
50 g Haferflocken
100 g Zucker
1 Prise Salz
Je eine Messerspitze Zimt, Nelken, Muskat
(oder ½ TL Lebkuchengewürz)

Ofen auf 200 Grad vorheizen.
1 EL Butter in die Auflaufform geben und im Rohr schmelzen lassen.

Äpfel mit Zucker, Butter und Zitronensaft 5 Minuten dünsten.
In die Auflaufform füllen.

Zutaten für den Teig rasch zusammenkrümeln, auf die Äpfel verteilen
und 30 Minuten backen.

Lauwarm mit Vanille-Eis oder Vanille-Sauce genießen.

Apfel-Brombeer-Crumble

900 g Äpfel entkernt, geschält, in brombeergroßen Würfeln
450 g Brombeeren
80 g Zucker

1 EL Butter für die Form

150 g Butter
140 g Mehl
80 g Haferflocken
80 g gemahlene Mandeln
100 g Rohrzucker
1 Prise Salz
½ TL Zimt

Ofen auf 200 Grad vorheizen.
1 EL Butter in die Auflaufform geben und im Rohr schmelzen lassen.

Äpfel mit Zucker und Brombeeren mischen, in die Auflaufform füllen.

Zutaten für den Teig rasch zusammenkrümeln, auf das Obst verteilen
und 30 Minuten backen.

Ofenwarm mit Vanille-Eis oder kalt am nächsten Tag
mit griechischem Joghurt und Honig genießen.

Crumble Sommer – und Winterversion

Crumble-Streusel:
120 g kalte Butter
180 g Mehl
1 Prise Salz
100 g Haferflocken
90 g brauner Zucker
80 g gehackte Nüsse

Rasch zusammen bröseln und kalt stellen.

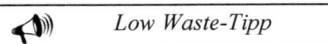 *Low Waste-Tipp*

Sommer-Zutaten:
1 Apfel, geschält, entkernt, in Würfeln
400 g von allem, was Sie noch an sommerlichem Obst im Haus haben
(Obstreste wie Beeren, Pfirsiche, Rhabarber etc.) klein geschnitten
Saft einer Zitrone
50 g Zucker

Winter-Zutaten:
1 Apfel, geschält, entkernt, in Würfeln
400 g von allem, was Sie noch an Winter-Obst im Haus haben
(Obstreste wie Birnen, Zwetschgen, Trauben etc.) klein geschnitten
50 g brauner Zucker
1 EL geriebene Ingwerknolle
100 g grob gehackte dunkle Schokolade

Eine Auflaufform dick ausbuttern.
Ofen auf 170 Grad vorheizen.

Gewählte Version vermischen und in die Auflaufform schütten,
Streusel darüber geben.

Ca. 30 Minuten backen und lauwarm
zu cremig gerührtem Vanille-Eis servieren.

Apfel-Blaubeer-Auflauf

⏳ *Schnell*

2 Äpfel, geschält, entkernt, in dünnen Scheiben
150 g Blaubeeren

Teig:
125 g Mehl
3 TL Backpulver
115 g Zucker
1 Päckchen Vanillinzucker
250 ml Buttermilch
1 Ei

Sirup:
100 g Rohrzucker
125 ml kochendes Wasser

Das Obst in eine gebutterte Auflaufform füllen,
verquirlten Teig darüber gießen.

Zucker mit dem kochenden Wasser verrühren, bis er aufgelöst ist.
Das Zuckerwasser vorsichtig an einer Stelle in die Auflaufform gießen.

Im vorgeheizten Ofen ca. 45 Minuten backen, bis sich die Oberfläche
trocken anfühlt und federnd nachgibt.

Noch warm mit steif geschlagener Sahne servieren.

American Apple-Zucchini-Gewürzkuchen
Genauso stand der Name in der Abendzeitung vor etwa 30 Jahren.

1 Tasse entspricht 150 ml

Teig:
3 Eier
2 Tassen Zucker
½ Tasse neutrales Öl
2 Päckchen Vanillinzucker
2 TL Backpulver
1 TL Salz
3 TL Zimt
½ Tasse Rosinen
1 Tasse gehackte Nüsse
1 Tasse geraspelte Zucchini
1 Tasse geraspelte Äpfel (entkernt, geschält)

Topping:
½ Tasse Sauerrahm
½ Tasse weiche Butter
2 Tassen Puderzucker
1 Päckchen Vanillinzucker

Teig rasch zusammenrühren, in einer gefetteten Springform bei 180 Grad ca. 40 Minuten backen. Vollständig abkühlen.

Belag klümpchenfrei verrühren und auf den Kuchen streichen, 1-2 Stunden durchkühlen.

Irischer Apple Pie

Füllung:
8 große Äpfel geschält, entkernt, in großen Würfeln
etwas Butter, Zucker, Whiskey

Teig:
225 g Mehl
50 g Butter
50 g Margarine
25 g Pflanzenfett (z.B. Kokosöl)
60 g Zucker
1 Eigelb
50 ml kalte Milch

Zum Bestreichen/Bestreuen:
1 verquirltes Eiweiß
2 EL Zucker

Das Besondere an dieser Pie: Die Mischung aus dreierlei Fetten!
Dadurch wird der Teig besonders mürbe und knusprig.

Apfelwürfel mit Butter, Zucker und Whiskey andünsten, abkühlen.
Mürbteig rasch zusammenhacken und kalt stellen.

Backofen auf 200 Grad vorheizen.

Teig halbieren, eine Hälfte ausrollen, eine Pie- oder Tarteform damit
auslegen, Rand etwas hochziehen. Apfelmasse darauf geben.

Zweite Teighälfte ausrollen und auf die Apfelmasse legen.
Mit Eiweiß bestreichen, mit Zucker bestreuen.

Apple Pie in den Ofen schieben, nach 10 Minuten die Hitze auf 180
Grad reduzieren, weitere 35 Minuten backen,

Teigdeckel darf nicht zu dunkel werden, evtl. mit Alufolie abdecken.

Schwedische Äppeltarta

Rührteig:
250 g weiche Butter
250 g Zucker
4 Eier
250 g Mehl
½ Päckchen Backpulver

Füllung:
500 g Äpfel, geschält, entkernt, in dünnen Scheiben
100 g Butter
50 g Zucker
1 Päckchen Vanillinzucker

150 g Tiefkühl-Himbeeren

Baiser:
5 Eischnee
150 g Zucker
1 TL Zitronensaft

Aus dem Rührteig nacheinander in einer Springform 2 Böden backen, abkühlen lassen.

Währenddessen Äpfel mit Butter, Zucker und Vanillinzucker dünsten.

Einen Boden wieder in die Springform legen, Apfelmasse darauf verteilen, zweiten Boden darauf legen, mit den Himbeeren bestreuen. Baisermasse darauf verteilen und 8-10 Minuten überbacken.

Dazu besonders gut: ¼ l steif geschlagene Sahne mit ¼ l angetautem, glatt gerührtem Vanille-Eis vermischen, sofort servieren.

Norwegische Mandeltorte
Mit wenig Mehl

Teig:
6 Eier, getrennt
150 g Zucker
300 g gemahlene Mandeln, leicht geröstet
5 EL Mehl
3 TL Backpulver
1 EL Kakao
2 EL Schnaps
je 1 Prise Salz und geriebene Muskatnuss
1 Becher Crème fraîche

Füllung:
1 kg gedünstete Apfelspalten mit etwas Honig und Schnaps aromatisiert
Preiselbeermarmelade
etwas Schnaps

Guss:
200 g Puderzucker
etwas Schnaps und heißes Wasser

Ofen auf 180 Grad vorheizen.

Aus den Teigzutaten einen Rührteig herstellen,
zuletzt den Eischnee unterheben.
In einer gefetteten Springform ca. 40 Minuten backen.

Nach dem Erkalten einmal durchschneiden.

Einen Boden mit den gedünsteten Äpfeln belegen,
Preiselbeermarmelade in die Zwischenräume streichen,
mit etwas Schnaps beträufeln.

Den zweiten Boden aufsetzen, mit Guss überziehen.

Einen Tag durchziehen lassen.

Apfelwähe aus der Schweiz

Teig:
5 EL Eiswasser
1 TL Salz
250 g Mehl
125 g Pflanzenmargarine

Belag:
1,5 kg Äpfel
1 EL Butter
2 EL Zucker
100 g Semmelbrösel

Guss:
¼ l Sahne
150 g Crème fraîche
2 Eigelbe
1 Ei
2 EL Speisestärke

1 Tasse Gelee oder Marmelade
½ TL Zimt

Die Teigzutaten rasch verkneten und eine große Wähen-, Pizza- oder Springform damit auskleiden. Kalt stellen – auch über Nacht.

10 Minuten bei Mittelhitze vorbacken.

In der Zwischenzeit Äpfel schälen, entkernen und in Spalten schneiden. Apfelspalten mit Butter und Zucker andünsten.

Semmelbrösel auf dem vorgebackenen Teig verteilen.
Apfelmasse darauf geben. Guss verquirlen und darüber schütten.
Bei 180 Grad ca. 35 Minuten backen.

Gelee mit Zimt erwärmen und die Oberfläche der Wähe bestreichen.
Wer mag kann die Oberfläche noch dünn mit Zimtzucker bestreuen.
Frisch essen!

Kuckucks-Schalit
Aus der Schweiz

100 g Semmelbrösel
¼ l heißer Weißwein

9 Äpfel
Rosinen
Zimtzucker

etwas Butter
etwas Weißwein

8 Eier, getrennt
150 g Zucker
Saft und Schale einer Zitrone

Wein über die Brösel gießen, durchrühren und erkalten lassen.

Äpfel schälen und das Kernhaus ausstechen (müssen ganz bleiben).
Mit Rosinen und Zimtzucker füllen.
Butter und Weißwein in einer ofenfesten Pfanne erhitzen, in der die
Äpfel gerade Platz haben. Äpfel in die Pfanne setzen und bei kleiner
Hitze etwas andünsten.

Ofen auf 180 Grad vorheizen.

Die Eigelbe mit Zucker schaumig schlagen, Zitronensaft und -schale,
Brösel, zuletzt den Eischnee unterheben.

Masse auf die Äpfel streichen und 45 Minuten goldgelb backen.

Schmeckt auch kalt und (ich sag's nur ungern) mit Pfirsichen.

Tarte Tatin

Mürbteig:
200 g Mehl
100 g Butter
2 Eigelbe
50 g Zucker
1 Prise Salz
2 EL Cognac oder Wasser

Rasch verkneten, kühl stellen.

Apfelmasse:
160 g Zucker
1,5 kg feste Äpfel geschält, entkernt, geviertelt
80 g flüssige Butter

Zucker in einer Pfanne hellbraun karamellisieren lassen
und in eine flache Tarteform schütten.

Apfelviertel dicht darauf setzen, die flüssige Butter darüber träufeln.

Teig zu einem runden Deckel ausrollen in Größe der Tarteform,
auf die Äpfel legen, den überstehenden Rand mit den Fingern
zwischen die Äpfel und den Rand der Form drücken.

Die Tarte im vorgeheizten Backofen etwa 20 Minuten knusprig
hellbraun backen. Herausnehmen und 5-10 Minuten ruhen lassen.

Dann auf eine Platte stürzen –
Vorsicht vor auslaufendem, heißem Karamell!

Muss gestürzt werden, solange der Karamell noch warm und flüssig ist.

Tarte lauwarm mit halbsteif geschlagener Sahne servieren.

Torta di Mele (italienische Apfeltorte)

500 g Äpfel geschält, entkernt, in Spalten
2 EL Honig
2 EL Zitronensaft

Teig:
150 g weiche Butter
90 g Puderzucker
1 Prise Salz
3 Eier
120 g Marzipanrohmasse, grob geraspelt
80 g Cantuccini-Kekse, fein zerbröselt
2 EL Saft und geriebene Schale einer Zitrone
100 g Mehl
50 g Speisestärke
2 TL Backpulver
3 Tropfen Bittermandel-Aroma
5 EL Milch

Zum Bestreuen:
2 EL Pinienkerne

Honig zum Bestreichen

Backofen auf 170 Grad vorheizen.

Apfelspalten mit Zitronensaft und Honig vermischen.

Butter, Zucker und Salz hellcremig aufschlagen, nach und nach die Eier
unterrühren, das mit Speisestärke und Backpulver gesiebte Mehl
und alle weiteren Teigzutaten – zuletzt die Milch – unterheben.

Teig in eine gefettete Tarteform füllen, Apfelspalten dicht an dicht
daraufsetzen und in den Teig drücken, mit den Pinienkernen bestreuen
und ca. 35 Minuten backen.

Nach dem Backen die aus dem Teig ragenden Apfelspalten
mit flüssigem Honig bestreichen.

Torta mit Puderzucker bestäuben und lauwarm servieren.

Crescionda – Umbrischer Schokoladenkuchen

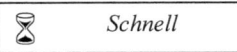

☒ *Schnell*

120 g Zucker
2 Eier
60 g Polentagrieß
50 g geriebene Schokolade
geriebene Schale einer Zitrone
1 Prise Salz
250 ml Vollmilch

eine Handvoll Apfelwürfel

Teigzutaten verquirlen, Apfelwürfel unterheben,
in eine gefettete Form schütten und bei Mittelhitze backen.

Libuscha-Torte

280 g Butter
280 g Mehl
140 g Zucker
140 g geriebene Mandeln
etwas geriebene Zitronenschale

1 Glas Bratapfelmarmelade aus diesem Buch

200 g Vollmilchkuvertüre

Ofen auf 170 Grad vorheizen.

Mürbteig rasch zusammenkneten.
In einer mit Papier ausgelegten Springform nacheinander 3-4 Böden
backen. Diese abgekühlt mit Bratapfelmarmelade (falls diese zu fest ist,
mit etwas Likör oder Wasser glattrühren) bestreichen und
zusammensetzen. Den obersten Boden nicht bestreichen.

Kuvertüre sanft erwärmen und den Kuchen damit überziehen.
Über Nacht durchziehen lassen, in schmalen Stücken servieren.

Böhmische Apfeltorte

6 Eier getrennt
250 g Zucker
75 g Grieß
120 g gemahlene Nüsse
1 EL Kakao
3 TL Backpulver
1 EL Mehl
300 g geraspelte Äpfel (geschält und entkernt)

½ Glas Aprikosenmarmelade
etwas Rum

Schokoladenguss

Ofen auf 180 Grad vorheizen.

Eigelbe mit Zucker schaumig rühren, Grieß, Nüsse, Kakao
und das mit Backpulver gemischte und gesiebte Mehl unterrühren.
Eischnee und Äpfel unterheben.

Ca. 35-45 Minuten in einer gefetteten Springform backen.

Abkühlen lassen.

Aprikosenmarmelade etwas erwärmen, mit dem Rum verrühren
und den Kuchen damit bestreichen.

Trocknen lassen.

Mit Schokoladenguss überziehen.

Türkische Apfeltaschen mit karamellisierter Apfelfüllung

1 Paket Yufkateig
flüssige Butter

Apfelfüllung:
800 g Äpfel
2 EL Semmelbrösel
2 EL Butter
6 EL Zucker
3 EL Rosinen
1 Päckchen Vanillinzucker
½ TL Zimt
etwas geriebene Zitronenschale

Für die Füllung die Äpfel schälen, entkernen und klein schneiden.
Brösel mit 1 EL Butter anrösten.
Den Zucker in einem flachen Kochtopf karamellisieren,
1 EL Butter und die Apfelstücke dazu geben und kurz dünsten.
Etwas abkühlen, dann Rosinen und Gewürze zugeben.

Yufkablätter in Quadrate schneiden, mit Butter bestreichen,
jeweils zwei Quadrate versetzt aufeinander legen,
in die Mitte 2-3 EL Apfelfüllung geben, dann mit beiden Händen
die 8 Spitzen jedes Teig-Quadrats nach oben zusammenklappen
und zu einer Tasche drehen.

Die Taschen auf ein Backblech, das mit Backpapier ausgelegt wurde,
setzen, mit flüssiger Butter bestreichen und ca. 10-15 Minuten
bei 180 Grad goldgelb backen.

Muffins und Kleingebäck

Apfel-Muffins mit Vollkornmehl
Danke, Maria, für dieses großartige Rezept

Teig:
200 g weiche Butter
250 g Zucker
4 Eier getrennt
200 g Mehl
100 g Vollkorn-Dinkel-Mehl
1 Päckchen Backpulver
2 TL Zimt
100 g gehackte Walnüsse

600 g Äpfel geschält, entkernt und gewürfelt

Topping (falls gewünscht):
Puderzuckerguss
Marzipankartoffeln
Mandelstifte

Rührteig herstellen, Apfelwürfel unterheben.
Jeweils zu zwei Drittel Papier-Muffin-Förmchen füllen und ca. 20
Minuten bei Mittelhitze backen.

Marzipankartoffeln mit einem Kochlöffel leicht eindrücken und jeweils
1 Mandelstift als Stiel hineinstecken.
Die Muffins erkaltet mit Guss bestreichen und mit den
„Marzipanäpfeln" verzieren.

Zucchini-Muffins mit Apfelbutter

Teig für 12 Muffins:
2 Eier
1 Eigelb
2 EL Honig
80 g brauner Zucker
100 ml neutrales Öl
1 TL Zimt
1 Prise Salz
50 g gehackte Walnüsse
1 Päckchen Vanillinzucker
300 g geraspelte Zucchini, etwas ausgedrückt
140 g Mehl
2 TL Backpulver

Rührteig herstellen. Papier-Muffin-Förmchen jeweils zu zwei Drittel füllen und ca. 25 Minuten bei Mittelhitze backen.

Apfelbutter:
100 ml Apfelsaft
50 g brauner Zucker
200 g Apfelmus
50 g Butter

Apfelsaft um ein Drittel einkochen, Zucker und Apfelmus zufügen und nochmals etwas einkochen. Butter unterschlagen und abkühlen.

Abgekühlt durchrühren und auf die Muffins häufeln.

Apfel-Nuss-Muffins mit Ahornsirup und Vollkornmehl

100 g Mehl
90 g Vollkornmehl
40 g Weizenkleie
3 TL Backpulver
½ TL Natron
80 g gehackte Walnüsse
1 Ei
50 g brauner Zucker
100 ml neutrales Öl
75 ml Ahornsirup
250 g Joghurt
120 g Buttermilch
einige Tropfen Bittermandelaroma

400 g Äpfel geschält, entkernt und gewürfelt

Äpfel unter den Rührteig heben. Papier-Muffin-Förmchen jeweils zu
zwei Drittel füllen und ca. 25 Minuten bei Mittelhitze backen.

Apfel-Zitronen-Muffins

250 g Mehl
1 EL Speisestärke
2 TL Backpulver
½ TL Natron
1 EL geriebene Zitronenschale
1 Ei
150 g Zucker
100 ml neutrales Öl
200 ml Zitronenbuttermilch
30 g in etwas Zitronensaft eingeweichte Rosinen

250 g Äpfel geschält, entkernt und gewürfelt

Äpfel unter den Rührteig heben. Papier-Muffin-Förmchen
 jeweils zu zwei Drittel füllen und ca. 20 Minuten
bei Mittelhitze backen.

Apfel-Zimt-Muffins mit Vollkornmehl

140 g Mehl
120 g Vollkornmehl
2 TL Backpulver
½ TL Natron
1 TL Zimt
1 Päckchen Vanillinzucker
80 g gehackte Nüsse
1 Ei
150 g brauner Zucker
100 ml neutrales Öl
300 g Buttermilch

250 g Äpfel geschält, entkernt und gewürfelt

Rührteig herstellen. Papier-Muffin-Förmchen jeweils zu zwei Drittel füllen und ca. 20 Minuten bei Mittelhitze backen.

Haferkleie-Apfel-Muffins

260 g Mehl
225 g Haferkleie
3 TL Backpulver
125 ml Milch
125 ml Apfelsaft
125 ml Ahornsirup
1 Ei
60 g zerlassene Butter
½ TL Salz

250 g Äpfel geschält, entkernt und gewürfelt

Rührteig herstellen. Papier-Muffin-Förmchen jeweils zu zwei Drittel füllen und ca. 25 Minuten bei Mittelhitze backen.

Leichte Apfel-Muffins

1 EL geriebene Zitronenschale
180 g Mehl
2 TL Backpulver
1 Ei
120 g Zucker
180 g Vanille-Joghurt

400 g Äpfel geschält, entkernt und gewürfelt

Äpfel unter den Rührteig heben. Papier-Muffin-Förmchen jeweils zu
zwei Drittel füllen und ca. 20 Minuten bei Mittelhitze backen.

Apfel-Joghurt-Muffins

160 g Zucker
1 Prise Zimt
50 g Rosinen
1 EL Rum
1 Ei
200 g Mehl
50 g gehackte Nüsse
3 TL Backpulver
80 ml Öl
225 g Naturjoghurt 3,5%

2 Äpfel geschält, entkernt und geraspelt

Alles vermischen. Papier-Muffin-Förmchen jeweils zu zwei Drittel
füllen
und ca. 20 Minuten bei Mittelhitze backen.

Apfel-Walnuss-Lebkuchen

100 g getrocknete Apfelringe
4 EL Saft und geriebene Schale einer halben Zitrone
1 Ei
100 g brauner Zucker
200 g gemahlene Walnüsse
1 TL Backpulver
1 TL Zimt

Runde Backoblaten

Guss:
2 EL Zitronensaft
100 g Puderzucker
1 EL Butter

Apfelringe fein hacken und mit Saft und Schale der Zitrone vermischen.
1-2 Stunden ziehen lassen, mit dem Mixstab fein zerkleinern.

Ei mit Zucker schaumig schlagen, Apfelmix, Nüsse, Backpulver und
Zimt unterheben. Dick auf die Oblaten streichen, evtl. noch geriebene
Nüsse zugeben, falls die Masse zu weich ist.

Im vorgeheizten Ofen bei Mittelhitze ca. 20 Minuten backen,
müssen hell bleiben.

Zutaten für den Guss erhitzen
und auf die noch warmen Lebkuchen aufpinseln.

Apfelkissen

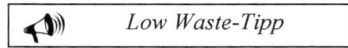 *Low Waste-Tipp*

1 Rolle Blätterteig aus dem Kühlregal

½ Glas Bratapfelmarmelade (aus diesem Buch)
oder andere Marmeladenreste

Buttercreme:
150 g weiche Butter
250 g Puderzucker
3 TL warmes Wasser
einige Tropfen Aroma (z.B. Butter-Vanille, Rum)
oder geriebene Zitronenschale

100 g Schokoladenreste

Blätterteig in kleine Vierecke (ca. 5 cm Seitenlänge) radeln oder
schneiden, hellbraun backen, abkühlen lassen.

Mit Marmelade dick bestreichen.

Buttercreme anrühren und auf die Marmelade streichen.

Kalt stellen.

Schokoreste schmelzen und lauwarm
auf die eiskalte Buttercreme träufeln.

Apfel-Zimt-Scones

300 g Mehl
60 g Zucker
1 TL Backpulver
1 Prise Salz
1 TL Zimt
75 g weiche Butter
120 ml Buttermilch
1 Ei
1 Apfel, geschält, entkernt, sehr klein gewürfelt

Ofen auf 180 Grad vorheizen.
Teigzutaten schnell vermischen, zuletzt die Apfelwürfel unterheben.
Aus dem klebrigen Teig eine Kugel formen, auf ein bemehltes mit
Backpapier ausgelegtes Blech legen und zu einer dicken runden Scheibe
drücken.
In acht Tortenstücke schneiden, auseinanderziehen und mit etwas Sahne
bestreichen, mit Zimtzucker bestreuen. 20-25 Minuten backen.

Lauwarm mit Clotted Cream (Mischung aus weicher Butter und Crème
fraîche) und Bratapfelmarmelade aus diesem Buch servieren.

Schnelle Apfel-Marzipan-Schnecken

 *Schnell*

1 Rolle Blätterteig aus dem Kühlregal

200 g Marzipan-Rohmasse, geraspelt
750 g Äpfel geschält, entkernt und klein gewürfelt
4 EL Zitronensaft
50 g Zucker
50 g Rosinen

Zitronenglasur (optional)

Backofen auf 180 Grad vorheizen.
Alle Zutaten für den Belag vermischen, auf den Blätterteig streichen, zur
Rolle aufrollen, in Scheiben schneiden und backen.

Erkaltet mit der Zitronenglasur überziehen.

Apfel-Zimt-Schnecken

Hefeteig:
375 g Mehl
1 Päckchen Trockenhefe
50 g Zucker
170 ml Milch
100 g weiche Butter

Alle Zutaten gut verkneten.
Teig zugedeckt mindestens 45 Minuten gehen lassen.

Füllung:
400 g Äpfel geschält, entkernt, gewürfelt
50 g Zucker
½ TL Zimt
1 EL Zitronensaft
40 g Butter
1 EL Mehl

Füllung aufkochen lassen, zuletzt das Mehl aufstreuen
und unterrühren. Abkühlen.

Zum Bestreichen/Bestreuen:
etwas Sahne
Zimtzucker

Ofen auf 160 Grad vorheizen.

Teig zu einem Rechteck ausrollen, Apfelmasse darauf verstreichen,
einen schmalen Rand ringsum nicht bestreichen.

Aufrollen und in Scheiben schneiden.

Auf ein mit Backpapier ausgelegtes Blech legen,
mit Sahne bestreichen und mit Zimtzucker bestreuen.

Etwa 20 Minuten backen.

Apfel im Schlafrock (Quark-Öl-Teig)

Füllung:
4 mittelgroße Äpfel
75 g Marzipanrohmasse
1 Eigelb
30 g in Rum gequollene Rosinen

Quark-Öl-Teig:
75 g Quark
50 ml Milch
50 ml neutrales Speiseöl
40 g Zucker
1 Päckchen Vanillinzucker
1 Prise Salz
150 g Mehl
3 TL Backpulver

Zum Bestreichen:
etwas Milch und Eigelb

Äpfel schälen und das Kernhaus ausstechen.
Marzipan mit Eigelb und Rosinen vermischen und die Äpfel damit füllen.

Ofen auf 175 Grad vorheizen.

Teigzutaten rasch vermischen, zuletzt Mehl und Backpulver unterkneten.

Teig ausrollen, 4 Quadrate (ca. 20x20 cm) und 4 Kreise ausstechen. Je einen gefüllten Apfel auf ein Teigquadrat setzen, Ecken nach oben zusammen schlagen, mit einem Teigkreis belegen und jedes Teigpäckchen mit Eigelbmilch bestreichen.

Etwa 25 Minuten backen.

Frisch mit Vanillesauce servieren.

Apfel im Schlafrock (Mürbteig)

Mürbteig:
250 g Mehl
80 g Zucker
2 EL saure Sahne
2 Eigelbe
1 Prise Salz
125 g Butter

Apfelfüllung:
4-6 kleine Äpfel
feste Marmelade
100 g Mandelstifte

Glasur:
200 g Puderzucker
Etwas Zitronensaft

Teigzutaten rasch zusammenkneten, kühl stellen.

Äpfel schälen und das Kernhaus ausstechen, mit Marmelade und Mandelstiften füllen.

Herd auf 180 Grad vorheizen. Ein Backblech mit Backpapier auslegen.

Mürbteig ausrollen, in 4-6 Quadrate schneiden, gefüllte Äpfel einschlagen, Teig darüber gut schließen und auf das Blech setzen.

Bei Mittelhitze ca. 25 Minuten goldgelb backen, auskühlen lassen.

Mit Zitronenguss überziehen.

Bobbes mit Apfel-Marzipan-Füllung

Mürbteig:
400 g Mehl
250 g weiche Butter
1 Ei
1 Eigelb
125 g Zucker
1 Päckchen Vanillinzucker
1 Prise Salz
etwas geriebene Zitronenschale
etwas Zitronensaft
Die Teigzutaten rasch zusammenkneten und kalt stellen.

Streusel:
150 g Mehl
75 g Zucker
75 g Butter
Die Zutaten für die Streusel rasch zu Bröseln mischen und kalt stellen.

Füllung:
400 g Marzipan-Rohmasse
1 Eiweiß
50 ml Rum
50 ml Wasser
70 g Rosinen
100 g gehackte Belegkirschen
2 Handvoll kleinste Apfelwürfel aus geschälten, entkernten Äpfeln

Ofen auf 170 Grad vorheizen.
Teig auf bemehltem Backpapier zu einem Rechteck (ca. 60 x 40 cm)
ausrollen.

Marzipan mit Eiweiß, Rum und Wasser glatt rühren.
Teig damit bestreichen und mit Rosinen, Kirschen und Apfelwürfeln
gleichmäßig bestreuen.

Wie eine Biskuitrolle aufrollen und mit einem scharfen Messer in ca. 3
cm dicke Scheiben schneiden. Scheiben mit verquirltem Ei bestreichen
und mit Streuseln dick bestreuen und andrücken.
Auf Bleche setzen und ca. 20 Minuten goldgelb backen
(dürfen nicht dunkel werden).

Hand-Pies

Zum Vorbereiten:
Dickes Apfelmus gedünstet aus
500 g Äpfel, geschält, entkernt, klein geschnitten
etwas Zitronensaft und Zucker nach Geschmack
Masse grob zerstampfen und abkühlen.

Mürbteig:
500 g Mehl
250 g Butter
250 g Zucker
2 Eigelbe
1 Päckchen Vanillinzucker
½ TL Backpulver

Glasur:
Puderzucker
etwas Zitronensaft

Mürbteig rasch zusammenkneten, kalt stellen.

Ausrollen, große runde Plätzchen ausstechen.
Apfelmasse jeweils auf die eine Hälfte eines Teigkreises geben,
die andere Hälfte darüber klappen und festdrücken.
Das funktioniert gut mit einer Gabel.

Diese Halbmonde bei Mittelhitze goldbraun backen.

Nach dem Abkühlen mit Zitronenguss glasieren.

Apfeltaschen (Quark-Öl-Teig)

Teig:
300 g Mehl
4 TL Backpulver
125 g Magerquark
100 ml Milch
75 ml neutrales Öl
80 g Zucker
1 Päckchen Vanillinzucker

Füllung:
500 g Apfelwürfel aus entkernten, geschälten Äpfeln
50 g Rosinen
50 g Zucker
1 EL Butter

Apfelwürfel mit Rosinen, Zucker und Butter 5 Minuten dünsten, abkühlen.

Ofen auf 180 Grad vorheizen.

Quark-Öl-Teig rasch zusammenkneten, Teig ausrollen und runde Teigplatten ausstechen. Dazu legen Sie einen Unterteller auf den Teig und schneiden am Rand entlang mit einem Messer jeweils eine Scheibe aus, insgesamt 12-15 Stück.

Abgekühlte Apfelmasse jeweils auf die eine Hälfte eines Teigkreises geben, Rand mit Milch bestreichen und zum Halbkreis zusammen klappen. Mit einer Gabel gut andrücken.

Die Hälfte der Apfeltaschen ca. 20 Minuten backen.

Währenddessen die anderen Apfeltaschen zubereiten, dann ebenfalls backen.

Noch heiß mit Zitronenguss, dem man einen Stich zerlassene Butter beigefügt hat, überziehen.

Apfel-Hafer-Kekse

150 g Mehl
100 g (kernige) Haferflocken
3 TL Backpulver
100 g weiche Butter
70 g brauner Zucker
etwas geriebene Zitronenschale
1 Prise Salz
1 Prise Zimt
3 Eier
6 EL Apfel- oder Orangensaft
50 g in Wasser oder Rum gequollene Rosinen

500 g Äpfel entkernt, mit Schale geraspelt

Alle Zutaten vermischen, zuletzt die Apfelraspel unterheben.

Mit einem Esslöffel Teighäufchen auf 2 Bleche setzen.

Ca. 20 Minuten backen, müssen hell bleiben.

Apfel-Riegel

Mürbteigboden:
175 g Butter
75 g brauner Zucker
50 g weißer Zucker
250 g Mehl
½ TL Salz
½ TL Zimt
1 TL Backpulver

2 EL gemahlene Nüsse

Belag:
2 Äpfel, geschält, entkernt, gerieben
1 TL Zitronensaft

1 Eiweiß
1 Prise Salz
40 g Zucker
40 g Mehl
70 g Apfelmus

30 g Mandelblättchen

Ofen auf 175 Grad vorheizen.

Zutaten für den Mürbteig rasch verkneten und in eine eckige Backform (ca. 20x25 cm) drücken. Mit den gemahlenen Nüssen bestreuen. 10 Minuten vorbacken.

Währenddessen die Äpfel reiben, mit Zitronensaft vermischen.

Eiweiß mit Salz steif schlagen, Zucker und Mehl einrieseln lassen, Apfelmus unterheben.

Teigplatte aus dem Ofen nehmen, geriebene Äpfel darauf verteilen, auf diese die Eischneemasse verteilen, alles mit den Mandelblättchen bestreuen.
Weitere 20 Minuten backen.

Herausnehmen und sofort in Riegel schneiden, abkühlen lassen.

Apfelkrapfen

Teig:
500 g Mehl
100 g Zucker
1 Würfel Hefe
75 g weiche Butter
2 zimmerwarme Eier
125 ml lauwarme Milch

Füllung:
300 g kleingewürfelte Äpfel, geschält, entkernt
100 g Rosinen, gewaschen
75 g feingehacktes Orangeat

Biskin zum Ausbacken

200 g Zucker
1 EL Zimt

Mehl in eine Schüssel geben, einen Krater bilden, Milch mit Zucker
und der Hefe verrühren und in den Krater gießen,
etwas Mehl vom Rand darüber stäuben.
Abdecken und 10 Minuten gehen lassen.

Butter und Eier unterrühren, ca. 10 Minuten durchkneten,
dann Äpfel, Rosinen und Orangeat unterkneten.

Teig 30 Minuten gehen lassen.

Biskin auf 170 Grad erhitzen. Mithilfe von 2 Esslöffeln kleine Krapfen
abstechen und partienweise im heißen Fett ca. 4 Minuten goldbraun
ausbacken.

Aus dem Fett nehmen, auf Küchenpapier abtropfen lassen
und in Zimtzucker wälzen.

Frisch essen.

Knusprige Sahnewaffeln mit Zimtäpfeln

Teig:
250 g Mehl
¼ l Sahne
½ TL Salz
3 EL Zucker
2 Eier
2 Eigelbe
150 g geschmolzene, etwas abgekühlte Butter
2 Eischnee

Zimtäpfel:
3 Äpfel, geschält, entkernt, halbiert
3 EL Butter
etwas Zitronensaft
4 EL Honig
½ TL Zimt

Alle Teigzutaten verrühren, zuletzt den Eischnee unterheben.
Im gefetteten Waffeleisen ausbacken.
Währenddessen Butter in einer Pfanne erhitzen und die Apfelhälften
mit der Schnittfläche nach unten darin braten.
Herausnehmen, mit Zitronensaft beträufeln, mit Honig bestreichen.
Zimt darüber streuen und warm zu den Waffeln servieren.

Vollwert-Buchweizenwaffeln

125 g weiche Butter
125 g Rohrzucker
1 TL Backpulver
½ TL Salz
3 Eier
250 g gemahlener Buchweizen
¼ l Milch
100 g Karotten geschält und geraspelt
200 g Äpfel entkernt, geschält und geraspelt

Teig mixen und im gefetteten Waffeleisen ausbacken.

Aufläufe und Mehlspeisen

Scheiterhaufen mit Äpfeln und Marzipan

6 Eier
200 g Schlagsahne
50 g Marzipanrohmasse
1 EL Rum
4 große Scheiben Weißbrot oder Toast
4 EL Preiselbeeren

3 Äpfel
2 EL Butter
2 EL Zitronensaft

Eier und Sahne verquirlen. Marzipan hineinreiben, Rum unterrühren.
Weißbrotscheiben in der Ei-Masse wenden,
10 Minuten ziehen lassen.

Inzwischen Äpfel schälen, entkernen und in dünne Scheiben schneiden.
Butter in einer Pfanne schmelzen, Apfelscheiben darin unter Wenden
2 Minuten andünsten und mit Zitronensaft beträufeln.

Brotscheiben aus der Eier-Sahne nehmen und in eine Auflaufform legen.
Apfelscheiben darauf verteilen. Rest Eiersahne darauf träufeln.
Ca. 20 Minuten im vorgeheizten Backofen (Umluft:175 Grad) backen.

Preiselbeeren auf dem Auflauf verteilen und servieren.

Dazu schmeckt warme Vanillesoße.

Ofenschlupfer

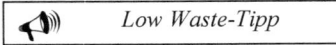 *Low Waste-Tipp*

4-5 Äpfel
etwas Zitronensaft

300 g Hefezopfreste
(ungefüllt oder Nuss oder Mohn)

Guss:
250 ml Milch
250 ml Sahne
1 Päckchen Vanillinzucker
60 g Zucker
4 Eier
1 EL Rum

Mandelblättchen zum Bestreuen

Eine flache Auflaufform ausbuttern.

Äpfel schälen, entkernen, in Scheiben schneiden und sofort mit dem
Zitronensaft beträufeln. Hefezopfreste in Scheiben schneiden.
Apfel- und Gebäckscheiben abwechselnd aufrecht in die Form stellen.

Guss verquirlen und darüber gießen, 20 Minuten stehen lassen.

Ofen auf 180 Grad vorheizen.

Auflauf mit Mandelblättchen bestreuen und ca. 35-45 Minuten backen.

Lauwarm zu Vanille-Eis oder Vanille-Sauce.

Gebackene Apfelknödel

*Unbedingt frisch essen, dann sind sie köstlich –
am nächsten Tag werden sie zäh.*

Teig:
750 g Mehl
3 TL Backpulver
1 TL Salz
125 weiche Butter
¼ l Milch
4 cl Weinbrand

Füllung:
500 g Äpfel
50 g Aprikosenmarmelade
(oder die Bratapfelmarmelade aus diesem Buch)

Guss:
¼ l Wasser
100 g Butter
125 g Zucker
3 cl Weinbrand

Ofen auf 180 Grad vorheizen.

Den Boden einer großen Auflaufform mit Deckel buttern.

Äpfel schälen, entkernen und in große Würfel schneiden,
mit der Marmelade mischen.

Teigzutaten verkneten und in 12 Teile teilen.

Jedes Teigteil etwas flach drücken, mit einem Zwölftel der Apfelmasse
füllen und zum Knödel formen. Die Knödel mit etwas Abstand in die
Form setzen.

Wasser, Butter und Zucker aufkochen, Weinbrand zugeben.
Kochendheiß über die Knödel gießen.

Ca. 45 Minuten backen.

Heiß mit Vanille-Eis oder kalt mit Schlagsahne.

Apfelklöße

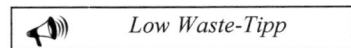 *Low Waste-Tipp*

2 altbackene Brötchen, in dünne Scheiben geschnitten und in etwas
Milch eingeweicht

50 g weiche Butter
2 Eier
1 TL Salz
250 g doppelgriffiges Mehl

500 g Äpfel, geschält, entkernt, in kleinen Würfeln

Zimtzucker
braune Butter

Eingeweichte Brötchen zerdrücken.
Butter, Eier, Salz und Mehl unterrühren.
Die Apfelwürfel zuletzt unter den Teig heben.
10 Minuten quellen lassen.

Salzwasser aufkochen, mit 2 Esslöffeln, die man vorher und
zwischendurch immer wieder in heißes Wasser taucht,
Klöße abstechen, vorsichtig in das heiße Wasser gleiten lassen.

Im siedenden, nicht mehr kochenden Wasser 15 Minuten
gar ziehen lassen.

Dick mit Zimtzucker bestreut servieren.

Dazu heiße braune Butter.

Apfelknödel mit Apfel-Sauce

Sauce:
2 EL Speisestärke
½ l guter trüber Apfelsaft
125 g Zucker
½ Vanilleschote
½ Zimtstange

Knödelteig:
500 g kleine Apfelwürfel aus geschälten, entkernten Äpfeln
100 g Butter
100 g Zucker
200 g Semmelbrösel
100 g geriebene Haselnüsse
2 EL Rosinen
1 TL Zimt
1 Messerspitze. Nelken
3 Eier

Butterschmalz zum Ausbacken

Für die Sauce einige Esslöffel vom Saft mit der Speisestärke verrühren. Restlichen Saft mit Zucker und Gewürzen aufkochen, Stärke einrühren, kurz aufkochen, abkühlen lassen.

Die Hälfte der Butter in einer Pfanne zerlassen, Apfelwürfel darin kurz andünsten, Zucker unterrühren, in eine Schüssel umfüllen.

Restliche Butter in der Pfanne erhitzen, die Hälfte der Semmelbrösel und die Haselnüsse darin hell anrösten. Zusammen mit den Rosinen, Zimt, Nelken und Eiern unter die Apfelmasse mischen.

Aus der Masse mit angefeuchteten Händen kleine Knödel formen und in den restlichen Semmelbröseln wenden.

So viel Butterschmalz in einer Pfanne erhitzen, dass es 1 cm hoch in der Pfanne steht. Die Knödel portionsweise ausbacken, evtl. noch Butterschmalz zugeben.

Auf Küchenpapier kurz abtropfen lassen.

Noch heiß mit der kalten oder lauwarmen Sauce servieren.

Apfel-Haferflocken-Auflauf
Geht schnell und die Zutaten hat man
normalerweise zu Hause

Haferflocken-Ansatz:
¾ l Milch
1 TL Salz
200 g Haferflocken

Apfelmischung:
750 g Äpfel geschält, entkernt, in Würfeln
2 EL Zucker
Saft einer halben Zitrone
2 EL Rum

Teig:
50 g Butter oder Margarine
90 g Zucker
2 Eier getrennt
geriebene Zitronenschale

Eine Handvoll Rosinen in Rum eingeweicht

Zum Bestreuen:
Butterflöckchen
Semmelbrösel
Zucker

Milch, Salz und Haferflocken aufkochen und ¼ Stunde ausquellen
lassen.
Apfelwürfel, Zucker, Zitronensaft und Rum vermischen.

Ofen vorheizen auf 170 Grad.

Butter mit Zucker weißschaumig schlagen, Eigelbe und Zitronenschale,
zuletzt den Eischnee unterheben.
Diesen Teig unter die Haferflockenmasse heben und die Rosinen
untermischen.

Die Hälfte der Masse in eine gefettete Auflaufform streichen,
Apfelfüllung darauf verteilen, restlichen Teig darauf streichen.

Oberfläche mit Butterflöckchen, Semmelbröseln und Zucker bestreuen.

Ca. 20-30 Minuten backen.

Apfeltraum

Apfelmasse:
5-6 Äpfel geschält, entkernt, in dünnen Scheiben
1 EL Butter
1 Handvoll Rosinen
1 Handvoll Mandelsplitter
2 EL Zucker
2 EL Rum
etwas geriebene Zitronenschale

Für die Form:
1 EL Butter
1 Tasse gemahlene Mandeln

Guss:
4 Eigelbe
200 g Sahne
2 EL Zucker
1 Päckchen Vanillinzucker

Äpfel in der Butter 5 Minuten dünsten, mit den restlichen Zutaten der Apfelmasse vermischen.

Gefettete Form mit den gemahlenen Mandeln ausstreuen,
Apfelmasse darüber geben, Guss verquirlen und darüber schütten.

Bei 200 Grad ca. 30 Minuten backen.

Feiner Apfelauflauf

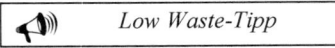 *Low Waste-Tipp*

4 altbackene Brötchen, in Scheiben geschnitten und in etwas Milch eingeweicht

200 g Butter
200 g Zucker
6 Eigelbe
etwas Salz, Zimt, Nelken
100 g geriebene Mandeln
1 EL Backpulver
2 EL Rum
4 EL Einweichmilch
6 Eischnee

1 kg Apfelspalten, leicht angedünstet

Ofen auf 170 Grad vorheizen.

Butter, Zucker und Eigelbe schaumig rühren. Gewürze, Mandeln, Backpulver und die zerpflückten eingeweichten Semmeln
mit Rum und Milch unterrühren.
Den Eischnee im Wechsel mit den Apfelspalten unterheben.

In eine gebutterte Auflaufform geben und ca. 45 Minuten backen.

Dazu Vanillesauce reichen.

Apfel-Zwieback-Auflauf

1 Karton Kokoszwieback
¼ l Milch

800 g geraspelte Äpfel (entkernt und geschält)
60 g Zucker
½ TL Zimt

3 Eier
¼ l saure Sahne
½ TL Zimt
60 g Zucker

3 EL Semmelbrösel
40 g Butter

Ofen auf 170 Grad vorheizen.

Zwieback mit Milch beträufeln,
Äpfel mit Zimt und Zucker vermischen.
Eier mit saurer Sahne, Zimt und Zucker verquirlen.

Boden einer gefetteten Auflaufform mit Zwieback auslegen,
darauf Apfelmasse, wieder Zwieback, wieder Äpfel usw.
Mit Zwieback abschließen.

Zum Schluss die Eiermischung darüber gießen,
mit Semmelbrösel und Butterflöckchen bestreuen.

Ca. 30 Minuten backen.

Mit gekühlter Vanillesauce servieren.

Apfel-Milchreis-Auflauf mit Quark

½ l Milch
130 g Milchreis
4 EL Zucker
1 Prise Salz
1 EL geriebene Zitronenschale

Aufkochen und 15 Minuten auf kleiner Flamme ausquellen lassen.
Abkühlen.

3 Eier, getrennt
4 EL Zucker
200 g Quark

500 g Äpfel geschält, entkernt, gewürfelt

Ofen auf 180 Grad vorheizen.

Den Boden einer Auflaufform mit Deckel ausbuttern.

Eigelbe mit Zucker schaumig schlagen,
Quark, Milchreis und Apfelwürfel unterheben,
zuletzt das steif geschlagene Eiweiß.

Masse in die Auflaufform streichen,
Deckel aufsetzen und 45 Minuten backen.

Kalt und warm gut!

Apfel-Marzipan-Gratin

📢 *Low Waste-Tipp*

500 g Äpfel
1 EL Butter
2 EL Zucker
1 EL Rum

100 g Marzipanreste (Marzipanbrot oder Marzipankartoffeln)
150 ml Schlagsahne
1 EL Amaretto-Likör
3 Eier
3 EL brauner Zucker

Eine Handvoll Nuss-Reste

Äpfel schälen, entkernen und in große Würfel schneiden.
Mit Butter, Zucker und Rum 5 Minuten andünsten.
Apfelmasse in eine flache Auflaufform geben.

Die Marzipanreste auseinander zupfen, zusammen mit Sahne, Amaretto,
Zucker und Eiern mit dem Mixstab pürieren.
Die Masse in einen Topf geben, erhitzen bis kurz vor dem Siedepunkt,
dabei mit einem Schneebesen aufschlagen.

Die Creme über die Äpfel verteilen und unter dem Grill auf der zweiten
Schiene von unten 2 bis 4 Min. bräunen.

Die Nussreste hacken, ohne Fett in einer Pfanne anrösten und vor dem
Servieren über das Gratin streuen.

Apfel-Karamell-Crisp

6 große Äpfel geschält, entkernt, in Würfeln
Saft einer halben Zitrone

50 g Butter
100 g zerkleinerte Karamellbonbons
1 Prise Zimt

Haferflockenkruste:
85 g Maisgrieß
85 g Haferflocken
80 g zerlassene Butter
130 g brauner Zucker

Ofen auf 180 Grad vorheizen, Auflaufform ausbuttern.
Äpfel mit Zitronensaft vermischen.
In einer Pfanne die Butter zerlassen, die Karamellbonbons zugeben
und unter Rühren schmelzen, dann Apfelwürfel und Zimt unterheben
und die Masse in die Auflaufform füllen.

Für die Kruste die Zutaten rasch zusammen krümeln und über die
Apfelmasse geben. Ca. 30-40 Minuten backen, bis die Oberfläche
gebräunt und knusprig ist.

Noch warm mit Vanille-Eis servieren.

Apfelgratin

800 g Äpfel geschält, entkernt, in dünne Scheiben geschnitten
Eine flache Auflaufform buttern, Apfelscheiben schuppenförmig
hineinlegen.

Ofen auf 180 Grad Umluft vorheizen.

200 ml Sahne
3 EL Puderzucker
½ TL Zimt
3 Eigelbe

Alle Zutaten verrühren und über die Äpfel gießen.
30 Minuten goldbraun backen.

Schmeckt gut mit Walnuss-Eis.

Clafoutis mit Schnaps-Äpfeln
*ein französisches Gratin: Obst wird mit einem
dicken Pfannkuchenteig übergossen und gebacken.*

⧗   *Schnell*

Teig:
150 g Mehl
250 ml Vollmilch
2 EL Mineralwasser
1 TL Salz
2 EL Zucker
3 Eier
3 EL zerlassene Butter

Apfelmasse:
3 große Äpfel geschält, entkernt, in dicken Scheiben
2 EL Butter
3 EL Zucker
1 Prise Zimt
4 EL Schnaps

Teigzutaten verquirlen.

Ofen auf 180 Grad vorheizen.

Butter in einer Pfanne schmelzen, Apfelscheiben 5 Minuten braten,
mit Zucker und Zimt bestreuen und mit dem Schnaps ablöschen.

Apfelmasse mit Flüssigkeit in einer gebutterten Gratinform verteilen.
Mit dem Teig übergießen und im vorgeheizten Backofen 20 Minuten
backen.

Mit Puderzucker bestäuben und servieren.

Überbackene Äpfel

4 große Äpfel
schälen, entkernen, halbieren
in etwas Zuckerwasser dünsten, sie müssen noch bissfest sein

Die Äpfel mit der Schnittfläche nach oben in eine gebutterte
Auflaufform setzen. Mit fester Marmelade füllen.

Creme:
3 Eigelbe
2 Päckchen Vanillinzucker
50 g Zucker
½ l Milch
25 g Stärkemehl
1 EL Rum oder Likör

Eigelbe mit beiden Zuckersorten schaumig schlagen.
Stärkemehl in etwas Milch anrühren und zusammen mit der
restlichen Milch unter die Eigelbmasse schlagen.

In einen Topf gießen und bei mäßiger Hitze abschlagen, bis die Masse
einmal aufpufft. Vom Herd nehmen und Rum unterrühren.
Creme auf die Äpfel gießen.

Herd auf Mittelhitze vorheizen.

Baiser:
3 Eiweiß
90 g Zucker

Eiweiß steif schlagen, Zucker langsam einrieseln lassen. Baiser auf die
Vanillecreme streichen. Mit etwas Puderzucker übersieben.
Ca. 15-20 Minuten backen. Warm servieren.

Tosca-Äpfel

4 große Äpfel schälen und das Kernhaus ausstechen.
Äpfel dabei ganz lassen.
In etwas Zuckerwasser 5 Minuten dünsten

Gratinform fetten.
Ofen auf 200 Grad vorheizen.

Äpfel abtropfen lassen und in die Gratinform setzen.

Teig:
100 g weiche Butter
85 g Zucker
100 g Mandelblättchen
20 g Mehl
2 EL Milch

Teig verrühren und auf die Äpfel streichen,
10-15 Minuten goldbraun backen.

Apfelauflauf aus dem Alten Land

4 große Äpfel

Streuselteig:
100 g Butter
100 g Zucker
75 g Mehl
75 g Haferflocken

Ofen auf 180 Grad vorheizen.

Äpfel entkernen und mit einer groben Reibe direkt in eine gefettete
Auflaufform reiben. Butter, Zucker, Mehl und Haferflocken rasch
zusammenbröseln, darüber streuen und leicht andrücken.

Ca. 30 Minuten backen.
Warm und mit viel eiskalter Schlagsahne genießen.

Schneller Grieß-Schmarrn mit karamellisierten Sahne-Äpfeln

⏳ *Schnell*

Teig:
40 g Grieß
300 ml Milch
1 Prise Salz
2 EL Zucker
2 Eier, getrennt

4 EL Butter

Eigelbe mit Grieß, Milch, Salz und Zucker verquirlen,
Eischnee unterheben.

2 EL Butter in einer großen Pfanne heiß werden lassen,
Hälfte des Teiges in die Pfanne gießen, Hitze etwas herunterschalten,
backen, bis der Boden goldbraun ist.
Mit zwei Löffeln (Gabeln zerkratzen den Pfannenboden) in Stücke
reißen, weiterbraten, evtl. etwas Butter zugeben.
Wenden und von jeder Seite bräunen. Im Ofen warm halten,
mit der zweiten Teighälfte genauso verfahren.

Apfelragout:
5 große Äpfel geschält, entkernt, klein gewürfelt
100 g Zucker
¼ l Sahne

Zum Servieren:
Puderzucker
Eine Handvoll gerösteter Mandelblättchen (optional)

Für das Apfel-Ragout den Zucker in einer Pfanne hellbraun schmelzen
lassen, Sahne zugießen und sanft köcheln, bis alles aufgelöst ist, Äpfel
unterrühren.

Schmarrn mit Puderzucker und gerösteten Mandeln bestreuen,
mit dem Apfelragout servieren.

Walnuss-Schmarrn mit Mascarpone und Äpfeln

Teig:
2 Eigelbe
2 ganze Eier
1 Prise Salz
60 g Zucker
1 TL geriebene Zitronenschale
4 EL Rum oder Apfelsaft
100 g Mehl
2 EL Rosinen
50 g gemahlene Walnüsse
200 g Mascarpone
2 Eischnee

Apfelbelag:
250 g Äpfel entkernt, evtl. geschält, in dünnen Scheiben

Zum Backen:
4 EL Butter
4 EL Zucker

Eigelbe, Eier, Salz, Zucker und Zitronenschale schaumig schlagen.
Rum unterrühren. Mehl sieben und abwechselnd mit Rosinen, Nüssen
und Mascarpone unterrühren. Zuletzt den Eischnee unterheben.

1 EL Butter in einer großen Pfanne erhitzen, die Hälfte des Teiges
darauf gießen und kurz anbacken. Mit der Hälfte der Apfelscheiben
belegen, weiterbacken bis die Unterseite goldbraun ist.

Den Schmarrn wenden und die andere Seite ebenfalls goldbraun backen.
Den Teig mit 2 Pfannenwendern in Stücke reißen, 1 EL Butter zugeben
und 2 EL Zucker darüber streuen. Schmarrn weiter backen und Zucker
karamellisieren. Auf eine Platte stürzen.

Auf gleiche Weise die zweite Hälfte aller Zutaten zubereiten.

Mit Puderzucker bestäubt servieren.

Dazu passt Preiselbeerkompott.

Apfel-Pfannkuchen Supreme
Ein geniales Rezept aus dem alten
Fissler-Pfannen-Kochbuch

Obstmischung:
8 Äpfel geschält, entkernt, gewürfelt
abgeriebene Schale von 2 Orangen
2 Orangen geschält und gewürfelt
50 g Zucker
Apfel-, Orangenwürfel, Orangenschale und Zucker vermischen.

Pfannkuchenteig:
½ l Milch
5 Eier
6 EL Mehl
2 EL Wein
2 EL Zucker
1 Päckchen Vanillinzucker

125 g Butter
Zimtzucker zum Bestreuen

Milch, Eier, Mehl, Wein, Zucker und Vanillinzucker zu einem Teig
verquirlen. Fruchtmischung unterrühren.
Ein Viertel der Butter in einer großen Pfanne sehr heiß (aber nicht
braun) werden lassen. Ein Viertel der Masse hinein geben, Hitze
reduzieren, 10 Minuten stocken lassen, wenden und auch die zweite
Seite hellbraun backen.

Warmstellen und drei weitere Pfannkuchen backen.
Vor dem Servieren mit Zimtzucker bestreuen.

Lausitzer Plinse

1 l Buttermilch
5 Eier
180 g Mehl
50 g Zucker
½ TL Salz
1 Päckchen Backpulver
2 Äpfel geschält, entkernt, gerieben

Butterschmalz für die Pfanne
Alle Zutaten gut verquirlen.
Jeweils ½ TL Butterschmalz in einer großen Pfanne
sehr heiß werden lassen, dünne Pfannkuchen backen.

Bratäpfel und Desserts

Schnelle Bratäpfel mit Weihnachts- oder Marmeladenresten

1 EL Butter
125 ml Weißwein oder Apfelsaft
2 EL Zucker

In eine Auflaufform geben. Ofen vorheizen auf 180 Grad,
Form hinein stellen und den Inhalt heiß werden lassen.

Äpfel (so viel in die Form passen), Kerngehäuse mit dem
Apfelausstecher entfernen, Loch etwas vergrößern.

Die Äpfel in den heißen Weißwein setzen und eine der folgenden
Füllungen in die Löcher drücken:

- Zerkleinerte Dominosteine

- Printen, grob zerbröselt, mit etwas Rum oder Rotwein
  befeuchtet

- Marzipanreste (zerkleinerte Marzipanbrote oder –kartoffeln)

- 100 g Trockenobstreste (Rosinen, Datteln, Feigen etc.) hacken,
  mit 8 EL fester Marmelade und 4 EL Kokosraspeln oder
  gemahlenen Nüssen verrühren

- Reste von gebrannten Mandeln und Schokoladenreste hacken,
  evtl. eine geschälte, klein geschnittene Mandarine dazu
  mischen und unter einen dicken Grießbrei rühren (aus ¼ l
  Milch, 60 g Grieß, etwas Zucker) oder Fertigprodukt aus der
  Kühlung

25-30 Minuten bei Mittelhitze backen.

Dazu Vanillesauce reichen.

Bratäpfel – Specials (Äpfel hochkant)

1 EL Butter
125 ml l Weißwein oder Apfelsaft
2 EL Zucker

In eine Auflaufform geben. Ofen vorheizen auf 180 Grad,
Form hinein stellen und den Inhalt heiß werden lassen.

Äpfel (so viel in die Form passen), Kerngehäuse mit dem
Apfelausstecher entfernen, Loch etwas vergrößern.

Die Äpfel in den heißen Weißwein setzen und **eine** der folgenden
Füllungen in die Löcher drücken:

Keschtn-Bratäpfel

> 100 g Maronenpüree (Dose)
> 1 Päckchen Vanillinzucker
> 30 g Pinienkerne
> 2 EL Zucker
> 2 EL Crème fraîche
> etwas abgeriebene Orangenschale

Lübecker Bratäpfel

> 90 g Rosinen in etwas Rum eingeweicht
> 200 g Marzipan, grob geraffelt
> 1 Eigelb
> 30 g Zucker
> 100 g gemahlene Mandeln
> 50 g Mandelblättchen

Mohn-Igel-Bratäpfel

> 100 g grob geraffeltes Marzipan
> 40 g gehackte Mandeln
> 50 g backfertige Mohnfüllung
> Zusätzlich: Äpfel rundherum mit einem Zahnstocher vorstechen,
> dann mit Mandelstiften spicken

25-30 Minuten bei Mittelhitze backen.

Bratäpfel – Specials (Äpfel halbiert und liegend)

1 EL Butter
125 ml Weißwein oder Apfelsaft
2 EL Zucker

In eine Auflaufform geben. Ofen vorheizen auf 180 Grad,
Form hinein stellen und den Inhalt heiß werden lassen.

Bei den beiden folgenden Rezepten werden die Äpfel quer halbiert –
angegebene Masse reicht jeweils für 4 Apfelhälften.
Kerngehäuse mit einem kleinen scharfen Messer herausschneiden.

Weihnachts-Baiser-Bratäpfel

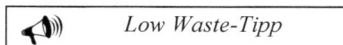 Low Waste-Tipp

- 50 g gehackte Nussreste
  30 g gehackte Trockenobstreste (z.B. Aprikosen, Rosinen, Cranberrys)
  50 g gewürfelte Lebkuchenreste
  4 EL Marmeladenreste

  Zutaten mischen, Äpfel füllen, 20 Minuten backen.

  1 Eiweiß mit 2 EL Zucker steif schlagen, Baiser auf die
  Apfelhälften verteilen und weitere 10 Minuten backen.

Bienenstich-Bratäpfel

- 50 g Butter
  50 g Zucker
  3 EL Sahne
  50 g Haselnussblättchen
  aufkochen.

  250 g Pudding (Fertigprodukt Vanille- oder Grießpudding)
  auf die Äpfel verteilen, Bienenstichmasse darauf streichen.

  Ca. 30 Minuten backen.

Apfeltiramisu

5 große Äpfel
1 EL Butter
100 g gemahlene Nüsse
2 EL Zucker
½ TL Zimt

Äpfel schälen, entkernen und in dünne Scheiben schneiden.
In der Butter fünf Minuten mit dem Zucker dünsten,
mit Zimt bestäuben und Nüsse unterheben.
Abkühlen.

300 g Löffelbiskuits
250 ml starker Kaffee
1 EL Rum

4 (sehr frische) Eier getrennt
150 g Zucker
500 g Quark
250 g Mascarpone

Kakaopulver und geröstete Mandelblättchen zum Bestreuen

Eigelbe und Zucker schaumig schlagen, Quark und Mascarpone,
zuletzt den Eischnee unterheben.

Löffelbiskuits in dem Kaffee-Rum-Gemisch wenden.

In eine flache Auflaufform eine Schicht getränkte Löffelbiskuits legen,
darauf etwas Apfelmasse verteilen, darauf etwas Mascarpone-Masse
verstreichen.

In dieser Reihenfolge weiter verfahren, bis alle Zutaten aufgebraucht
sind. Die letzte Schicht ist Mascarponemasse.

Einige Stunden im Kühlschrank durchziehen lassen.

Vor dem Servieren mit Kakao und gerösteten Mandelblättchen
bestreuen.

Apfel-Malakoff-Dessert

Hier zeigt sich eindrucksvoll, wie gut Äpfel und Buttercreme harmonieren.
Bereiten Sie das Dessert am Vortag zu, damit es gut durchziehen und buttrig saftig werden kann.

200 g Löffelbiskuits

Apfelfüllung:
3 große Äpfel geschält, entkernt, klein gewürfelt
1 EL Butter
1/4 l Weißwein
3 EL Rum

Creme:
2 frische Eigelbe
100 g Zucker
100 g weiche Butter
120 g geriebene Mandeln
180 ml flüssige Sahne

Zum Bestreichen:
1 Becher Schlagsahne

Butter in einer Pfanne schmelzen. Apfelwürfel und Weißwein zugeben und 5 Minuten dünsten, zuletzt den Rum unterrühren. Abkühlen.
Apfelwürfel mit einem Löffel herausnehmen,
Dünstflüssigkeit in einen tiefen Teller geben.

Eine kleine Kastenform mit Frischhaltefolie auslegen.
Eigelbe und Zucker schaumig schlagen,
restliche Zutaten der Creme unterheben.

Einige Löffelbiskuits in der Dünstflüssigkeit wenden und den Boden der Kastenform damit auslegen. Noch etwas Flüssigkeit darüber träufeln und etwa 1/3 der Apfelwürfel darauf verteilen. 1/3 der Creme darüberstreichen und auch die Hohlräume füllen. In dieser Reihenfolge wiederholen, bis alles aufgebraucht ist,
die letzte Schicht sollte eine dünne Cremeschicht sein.

Über Nacht im Kühlschrank durchziehen lassen.

Vor dem Servieren auf eine Platte stürzen und die Folie abziehen.
Das Dessert mit der steif geschlagenen Sahne überziehen und ganz nach Belieben mit frischen Beeren und Schokoraspeln garnieren.

Apfel-Fondue

Äpfel, geschält, entkernt, in Achteln
etwas Butter
etwas Zitronensaft

Hot-Fudge-Dip:
150 g Kuvertüre, gehackt
4 EL Butter
4 EL Ahornsirup
500 ml Sahne
500 g Zucker
2 Päckchen Vanillinzucker
1 Prise Salz
50 g gehackte Mandeln

Apfelachtel kurz in Butter und Zitronensaft dünsten,
damit sie sich nicht verfärben. Abkühlen.

Kuvertüre, Butter und Sirup bei schwacher Hitze schmelzen lassen.
Sahne, Zucker und Salz unterrühren, bis sich der Zucker aufgelöst hat.
Masse bei sehr schwacher Hitze noch 8-10 Minuten ziehen lassen.

Mandeln in einer kleinen Pfanne anrösten, etwas abkühlen
und in die Sauce einrühren.

Dip heiß servieren. Außerdem kleine Gabeln oder Schaschlikspieße zum
Aufspießen und Dippen der Äpfel bereitlegen.

Zusätzlich zu den Äpfeln können Erdbeeren, Pfirsichsegmente,
Melonenkugeln, Bananenscheiben und Löffelbiskuits gereicht werden.

Orpheus Traum
Schnelles, köstliches Dessert für 6-8 Personen
Lässt sich beliebig für viele Gäste erweitern.

⏳   *Schnell*

1. Schicht (verrührt)
500 g Quark (siehe Tipp unten)
etwas Milch
3 EL Zucker
1 Päckchen Vanillinzucker

2. Schicht (5 Minuten gedünstet und abgekühlt)
500 g Apfelwürfel
1 EL Butter
1 EL Rum
1 EL Zitronensaft

3. Schicht
½ Packung Nussmüsli

4. Schicht (verrührt)
1 Becher Sahne steif geschlagen
1 Päckchen Vanillinzucker

5. Schicht
1/3 Flasche Eierlikör

In der angegebenen Reihenfolge in eine hohe Schüssel schichten.
Mit Frischhaltefolie abdecken und eine Nacht im Kühlschrank
durchziehen lassen.

Zum Servieren Nocken bis zum Schüsselgrund abstechen.
Eignet sich auch gut für das Befüllen von Portionsgläsern.

     Low Waste-Tipp

Quark kann ganz oder teilweise durch Milchproduktreste wie
Frischkäse, saure Sahne und Joghurt ersetzt werden.

Schwedische Apfelspeise

In einer Biografie über Astrid Lindgren habe ich gelesen, dass die Schriftstellerin dieses Dessert gerne auf ihrer Ferieninsel Furusund zubereitet hat

125 g Butter
125 g Zwieback, grob zerbröselt
3 EL Zucker
½ TL Zimt
1 Prise Salz

250 g Schlagsahne

700 g Apfelkompott (selbst gemacht oder aus dem Glas)

In einer großen Pfanne Brösel, Butter und Zucker unter ständigem Rühren blond werden lassen.
Würzen und sofort aus der Pfanne nehmen – Pfannenboden heizt nach! Abkühlen lassen.

Sahne steif schlagen, abwechselnd mit Zwiebackmasse und Apfelmus in Gläser schichten. Im Kühlschrank durchziehen lassen.

Apfel-Sorbet

¼ l Apfelkorn
100 g Zucker

500 g säuerliche Äpfel, entkernt, geschält
3 EL Zitronensaft
einige Tropfen Orangen-Aroma

Apfelkorn mit dem Zucker aufkochen und rühren, bis der Zucker komplett gelöst ist. Kaltstellen, möglichst über Nacht in den Kühlschrank.
Äpfel mit Zitronensaft und Aroma pürieren, mit dem Apfelkorn vermischen.
Masse eine Stunde in den Kühlschrank stellen.

In die Eismaschine geben.

Feine Hirsecreme

Von Barbara N. - Freundin und
Fan der gepflegten Vollwertküche

2 Tassen Hirse

5 Äpfel
2 Bananen
1 EL Zitronensaft
Ahornsirup – Menge nach Geschmack

½ l geschlagene Sahne
brauner Zucker nach Geschmack

gerösteter Sesam (optional)

Hirse in Salzwasser aufkochen und 10 Minuten ausquellen lassen. Abseihen und vollständig abkühlen.

Währenddessen Äpfel entkernen und raspeln. Bananen schälen und zerdrücken. Obst mit Zitronensaft mischen.

Hirse mit Obstzubereitung und Ahornsirup vermischen.

Portionsweise die geschlagene Sahne unterheben, evtl. mit etwas braunem Zucker nachsüßen.

In eine Schale füllen, Sesam als Spirale aufstreuen.

Gut gekühlt servieren.

Weihnachtlicher Apfel-Trifle in Gläschen
Gut vorzubereiten

Apfelmasse:
600 g Apfelwürfel aus geschälten, entkernten Äpfeln
1 EL Butter
3 EL Weißwein oder Rum oder Wasser
100 g Zucker
1 TL Lebkuchengewürz oder Zimt

Mischen und dünsten, bis die Äpfel gerade beginnen zu zerfallen
(ca. 10 Minuten), abkühlen lassen.

Creme:
400 g Milchproduktreste - Mischung aus Sahnequark, Joghurt,
Mascarpone, Frischkäse, geschlagener Sahne – was Sie noch im
Kühlschrank haben
3 Tropfen Bittermandelöl
60 g Zucker

Zum Bestreuen:
30 g geröstete Mandelblättchen
50 g Spekulatius oder Butterplätzchen, grob zerbröselt

Abgekühltes Apfelkompott in Gläschen füllen.

Creme-Mischung mit Bittermandelöl und Zucker verrühren
und auf das Kompott geben.

Mandelblättchen und Plätzchenbrösel vermischen
und auf die Creme streuen.

Rahm-Äpfel

⧗ *Schnell*

4 große feste Äpfel

Zucker
200 g Crème double

Äpfel schälen, quer halbieren,
Kerngehäuse mit einem Apfelausstecher ausstechen.

Hälften mit der Schnittfläche nach oben in eine gebutterte Form setzen.
Dick mit Zucker bestreuen, reichlich Crème double in die Höhlungen
gießen, ein Teil muss in die Form fließen.

Bei 200 Grad ca. 30 Minuten backen. Nach der Hälfte der Zeit die Äpfel
nochmal zuckern und goldbraun karamellisieren.

Lauwarmes Apfelragout
*Einfach, köstlich, passt zu allen Arten von Crèmes
und zu Eis*

3 Äpfel, geschält, geviertelt, in Spalten
50 g getrocknete Aprikosen, in Stifte geschnitten
½ Tasse grob gehackte Walnusskerne
2 EL Zucker
2 EL Butter

gemahlener Zimt

Aprikosen in etwas Wasser aufkochen, abgießen.

In einer Pfanne den Zucker bei mittlerer Hitze schmelzen,
aber nicht bräunen lassen. Alle anderen Zutaten zugeben
und einige Minuten dünsten, bis die Äpfel gar sind,
aber noch Biss haben.

Zum Servieren einen Hauch gemahlenen Zimt darüber geben.

Bonus-Teil

Bayrischer Apfelstrudel

Ich gebe zu, dass er Arbeit macht, viel Arbeit.
Und am Anfang wirft man mindestens ein- oder
zweimal höchst genervt einen Batzen Teig in den
Müll. Aber ich beschwöre Sie: Bleiben Sie dran,
vervollkommnen Sie Ihren Apfelstrudel und er wird
eine Offenbarung werden.

Strudelteig:
250 g kleberreiches Mehl (z.B. Wiener Griessler)
1 TL Salz
1-2 EL neutrales Öl
1 Ei
bis 125 ml lauwarmes Wasser

Belag:
100 g zerlassene Butter
¼ l dicker saurer Rahm
3-4 kg Äpfel
100 g Rosinen, in Rum eingeweicht
150-200 g Zucker

Zum Backen:
Zerlassene Butter
ca. ¼ l kochende Milch

Mehl in eine Schüssel sieben, salzen. Mit der Gabel Öl, Ei und den
Großteil des Wassers einarbeiten, dann mit der Hand kneten.
Der Teig muss weich und formbar sein aber nicht klebrig.
Wenn Sie das Gefühl haben, dass er sich richtig anfühlt, nehmen Sie ihn
aus der Schüssel und pfeffern ihn mit Wucht auf die Tischplatte, immer
wieder, mindestens 20-30-mal. Zwischendurch kneten, dann wieder
abschlagen.
Dann in zwei Teile teilen und Kugeln formen, auf ein Brett setzen.
Mit einer Schüssel, die mit kochendem Wasser ausgespült wurde,
abdecken –die Teigoberfläche darf nicht trocken werden – und gut eine
halbe Stunde ruhen lassen.

Nun können die Äpfel geschält, entkernt und in dünne Scheiben
gehobelt werden.
Eine große längliche Auflaufform buttern und bereitstellen.
Ofen vorheizen auf 180 Grad.

Breiten Sie ein Küchenhandtuch auf der Arbeitsplatte aus und bestäuben Sie es mit Mehl. Alle Zutaten für den Belag in der angegebenen Reihenfolge griffbereit vorbereiten.

Bestäuben Sie Ihre Handrücken mit Mehl und nehmen Sie eine der beiden Teigkugeln unter der Schüssel hervor.
Jetzt den Teig langsam über beiden Handrücken ausziehen, indem Sie die Handrücken langsam auseinander ziehen.

Bei uns in Bayern sagt man, der ausgezogene Teig muss so dünn sein, dass man durch ihn hindurch Zeitung lesen kann – glauben Sie nicht alles, was die Bayern erzählen!
Mit der Zeit werden Sie ihn immer besser hinbekommen, der Apfelstrudel schmeckt aber auch, wenn der Teig nicht hauchdünn ist!

Den ausgezogenen Teig auf das bemehlte Handtuch legen und vorsichtig mit den Fingerspitzen zum Rand hin weiter auseinanderziehen. Sie können auch mit der Teigrolle nachhelfen. Dicke Ränder schneiden Sie einfach ab.

Das Schwierigste haben Sie geschafft!

Jetzt den ausgezogenen Teig (in dieser Reihenfolge)
- dick mit zerlassener Butter bepinseln
- mit der Hälfte des Sauerrahms bestreichen
- die Hälfte der gehobelten Äpfel dick aufschichten
- mit Rosinen bestreuen
- das Ganze dick mit Zucker bestreuen
und dann mit Hilfe des Tuchs von der Längsseite her aufrollen.

Vorsichtig in die Auflaufform gleiten lassen und mit den Fingerspitzen etwas zurechtdrücken, so dass die Form zur Hälfte gefüllt ist.

Mit der zweiten Teigkugel und der zweiten Hälfte der restlichen Zutaten genauso verfahren.

Den Apfelstrudel dick mit Butter bestreichen und ca. 1 Stunde backen. Nach der Hälfte der Backzeit mit der kochenden Milch übergießen und weiter backen. Die Milch wird vom Auflauf aufgesogen, er soll goldbraun und nicht zu dunkel werden.

Vor dem Servieren etwas abkühlen lassen. Es macht nichts, wenn der Strudel etwas suppig wirkt, der Teig saugt noch Flüssigkeit auf.

Lauwarm mit Vanillesauce oder Vanille-Eis servieren und auf die entrückten Gesichter Ihrer Gäste achten…

Apfelbrot
Geniales Rezept aus dem Energiekalender der Stadtwerke München und - wie ich finde - die Mutter aller Apfelbrotrezepte

Vorbereiten:
750 g Äpfel entkernt, geschält, geraspelt
100 g Zucker
50 g Honig

Apfelraspel mit Zucker und Honig mischen
und einige Stunden ziehen lassen.

Zutaten:
1 EL Kakao
1 TL Zimt
1 EL Lebkuchengewürz
250 g Rosinen
250 g ganze Haselnüsse
3 EL Schnaps
500 g Mehl
1,5 Päckchen Backpulver
evtl. etwas Apfelsaft

Ofen auf 170 Grad vorheizen.

Apfelmischung mit den restlichen Zutaten mischen,
evtl. etwas Apfelsaft zugeben, wenn der Teig zu fest ist.

In einer Kastenform ca. 60 Minuten backen.

Einen Tag ruhen lassen und vor dem Servieren
mit einem scharfen Sägemesser in Scheiben schneiden.

Apfelbrot zur Adventszeit mit Vollkornmehl

Vorbereiten:
750 g Äpfel geschält, entkernt und geraspelt
250 g Zucker

Apfelraspel mit Zucker vermischen und über Nacht ziehen lassen.

Zutaten:
125 g ganze Nüsse Ihrer Wahl
200 g Rosinen
100 g gehackte Trockenpflaumen
1 EL Lebkuchengewürz
1 EL Kakaopulver
2 EL Rum
1 Prise Salz
1,5 Päckchen Backpulver
250 g Mehl
250 g Kamutmehl (oder 250 g Vollweizenmehl)

Am nächsten Tag alle Zutaten mischen,
zu 4-5 kleinen länglichen Laiben formen,
auf ein Blech setzen und bei 180 Grad ca. 50-60 Minuten backen.

Einen Tag ruhen lassen und vor dem Servieren mit einem scharfen
Sägemesser in Scheiben schneiden.

Monis Apfel-Früchte-Brot
Weiß jetzt leider nicht mehr, welche Moni ☺

1.800 g Äpfel geschält, entkernt, geraspelt
250 g gemahlene Haselnüsse
500 g fein geschnittene getrocknete Feigen
500 g Rosinen
500 g Zucker
2 EL Kakao
½ Päckchen Lebkuchengewürz
1 TL Zimt
½ TL gem. Nelken
½ TL Salz
6 EL Rum

Vermischen und 12 Stunden kühl ruhen lassen.

1.000 Mehl
2 Päckchen Backpulver

Mehl und Backpulver unter die Apfelmasse kneten.

Längliche Laibe formen oder den Teig in kleinere Kastenformen, die mit Backpapier ausgelegt wurden, füllen.

Bei 180 Grad ca. 35-45 Minuten backen, nach dem Auskühlen in Folie wickeln und ein paar Tage durchziehen lassen.

Sehr schön als Weihnachts-Mitbringsel – dafür nach dem Abkühlen mit erwärmtem Gelee abglänzen. Während das Gelee trocknet, geschälte halbierte Mandeln dekorativ auf der Oberseite anordnen.

Apfel-Walnuss-Brot
Zu kräftigem Käse

500 g Äpfel
100 g Rübensirup
450 g Dinkelmehl
250 g Roggenmehl
2 TL Salz
1 Würfel Frischhefe
100 g Walnusskerne

Äpfel schälen, vierteln und entkernen. Die Hälfte davon würfeln.
Restliche Äpfel und Sirup mit 200 ml warmem Wasser pürieren.

Beide Mehle mischen, in die Mitte eine Mulde drücken
und die Hefe hineinbröckeln, mit 5 Esslöffel lauwarmem Wasser
und einer Messerspitze Zucker leicht in das Mehl hineinrühren
und diesen Vorteig zugedeckt 10 Minuten gehen lassen.

Salz und Apfelpüree zugeben und alles zu einem glatten Teig verkneten.
An einem warmen Ort gehen lassen, bis sich das Volumen verdoppelt
hat.

Walnüsse grob hacken und zusammen mit den Apfelwürfeln
kurz unter den Teig kneten.

Teig in eine mit Backpapier ausgelegte Kastenform geben
und 20 Minuten an einem warmen Ort gehen lassen.

Backofen vorheizen 230 Grad Ober/Unterhitze oder 210 Grad Umluft.

Brot ca. 40 Minuten backen,
nach 10 Minuten die Hitze um 30 Grad reduzieren.

Zucchini-Apfel-Brot mit Vollkornmehl
Toll zu dünn geschnittenem Schinken

⌛ *Schnell*

1 Zucchini grob geraspelt
1 Apfel geschält, entkernt, geraspelt
300 g Weizenvollkornmehl
¾ Päckchen Backpulver
5 Eier
1 EL Honig
1 EL Salz
100 ml neutrales Öl
150 g geriebener Käse
50 g Kürbiskerne (optional)

Alles verquirlen, in eine mit Backpapier ausgelegte Kastenform
gießen und bei 190 Grad ca. 60 Minuten backen.

Apfelbrot (zur Käseplatte)

500 g Äpfel entkernt und ungeschält geraspelt
2 EL Zitronensaft
80 g flüssiger Honig

Vermischen und über Nacht ziehen lassen.

350 g Mehl
1 Päckchen Backpulver
2 TL Salz
100 g getrocknete Aprikosen, grob gehackt
75 g ganze Haselnüsse
75 g ganze Mandeln

Ofen auf 175 Grad vorheizen.
Alle Zutaten mit der Apfelmasse vermischen.

Eine Kastenform mit Backpapier auslegen,
Masse einfüllen und 60-70 Minuten backen.

Vor dem Anschneiden einen Tag ruhen lassen.

Bratapfelmarmelade

*Apfelwürfel, Rosinen, Mandeln und Zimt-
die perfekte winterliche Kombination …
Im Sommer nennen Sie das Ganze
Apfelstrudel-Marmelade ☺.
Auf jeden Fall: Glück in Gläsern!*

70 g Mandelstifte
1.000 g Apfelwürfel aus Boskop-Äpfeln, geschält und entkernt
Saft einer halben Zitrone
2 Vanillinzucker
½ Teelöffel Zimt
250 ml Apfelsaft naturtrüb
1 kg Gelierzucker 1:1
60 g Rosinen

Mandelstifte in einer Pfanne ohne Fett goldbraun rösten und abkühlen.

Apfelwürfel, Zitronensaft, Gewürze und Apfelsaft in einen großen Topf geben und 15 Minuten köcheln lassen.

Gelierzucker und Rosinen zugeben und nach Packungsanweisung zu Marmelade kochen. Die gerösteten Mandelstifte zufügen.

Die Bratapfelmarmelade nochmal aufkochen und sofort randvoll in heiß ausgespülte Twist-Off-Gläser füllen, verschließen und auf den Kopf stellen, bis sie abgekühlt sind.

Falls Sie sich gefragt haben, warum für 1.250 g Apfelwürfel-Apfelsaftmischung nur 1.000 g Gelierzucker 1:1 nötig sind:
Das Pektin im Boskop dickt die Marmelade zusätzlich an.

Je nach Apfelsorte wird die Marmelade etwas weicher oder fester –
ausprobieren!

Apfel-Chutney mit Rosinen
Für 2 Gläser à 450 g

800 g Äpfel
200 g Schalotten
3 rote Chilischoten
450 g brauner Zucker
120 g Rosinen
2 EL Salz
etwas gemahlener Pfeffer
400 ml Apfelessig

Äpfel schälen, Kerngehäuse entfernen, Fruchtfleisch würfeln.
Schalotten schälen und in Scheiben schneiden.

Chilischoten halbieren, entkernen, in dünne Scheiben schneiden.
Äpfel und Schalotten mit 100 ml Wasser in einen großen Topf
mit schwerem Boden geben und 5-10 Minuten köcheln lassen,
damit die Äpfel weich werden.

Alle weiteren Zutaten zugeben, gut vermischen. Unter Rühren
aufkochen, dann etwa 30 Minuten bei schwacher Hitze köcheln lassen.
Häufig rühren, damit nichts anbrennt.

Ist ein Großteil der Flüssigkeit verdampft und das Chutney eingedickt
wird es in zwei heiß ausgespülte Twist-Off-Gläser gefüllt.
Die Gläser verschließen und 10 Minuten auf den Kopf stellen.

Zu Apfelchutney passt:

Low-Waste Käsecracker

Low Waste-Tipp

Käsereste
Butter
Mehl
Salz, gemahlener Kümmel, Paprika

Käsereste reiben und wiegen.
Butter und Mehl mit gleichem Gewicht abwiegen.
Zusammen mit den Gewürzen verkneten.
Rollen formen und über Nacht in den Kühlschrank stellen.
Dünne Scheiben schneiden, bei Mittelhitze goldbraun backen
(dürfen nicht dunkel werden).
Frisch zum Chutney servieren.

Fruchtiges Apfel-Chutney

500 g Äpfel geschält, entkernt
1 kleine Zwiebel, geschält
100 g getrocknete Aprikosen
100 g Rosinen
1 EL scharfer Senf
300 g brauner Kandiszucker
1 EL Salz
etwas gemahlener Pfeffer
125 ml Weinessig

Äpfel, Zwiebeln, Aprikosen und Rosinen in der Küchenmaschine
zerkleinern.
Mit allen anderen Zutaten in einen großen Topf geben und köcheln
lassen, bis ein dicklicher Brei entstanden ist.
Häufig rühren, damit nichts anbrennt.
In heiß ausgespülte Twist-Off-Gläser füllen, verschließen und die Gläser
10 Minuten auf den Kopf stellen.

Schnelles Apfel-Chutney
Zu Schinken und Käse

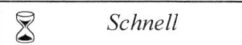 Schnell

1 kg Äpfel
100 g Schalotten
1 TL geriebenen Ingwer
100 ml Apfelsaft
70 ml Apfelessig
250 g Gelierzucker 2:1
1 gestrichener EL Salz

Äpfel schälen, Kerngehäuse entfernen, Fruchtfleisch würfeln.
Schalotten schälen und in Scheiben schneiden.
Alle weiteren Zutaten zugeben, gut vermischen.
Unter Rühren aufkochen, 10 Minuten köcheln lassen,
dann 3 Minuten sprudelnd kochen lassen.

In saubere Twist-Off-Gläser bis zum Rand füllen,
verschließen und auf den Kopf stellen.

Selbst gemachter „Senf mit Früchten"

200 g Litschis geschält, entkernt, klein gewürfelt oder aus der Dose
350 g Pfirsiche gebrüht, gehäutet, entkernt, klein gewürfelt
350 g Äpfel entkernt, geschält, klein gewürfelt

Schale einer Zitrone, als Spirale dünn geschnitten (ohne weiße Haut)
1 Prise Zimt
1 Prise Muskat
125 ml Apfelsaft
250 ml Weißwein

200 g mittelscharfer Senf von guter Qualität

Apfelsaft mit Weißwein, Zitronenschale und Gewürzen zum Kochen
bringen, nach 5 Minuten die Zitronenschale herausnehmen,
weitere 5 Minuten kochen. Apfelwürfel zugeben, nach 5 Minuten die
Pfirsiche, nach weiteren 5 Minuten die Litschis.
Die Flüssigkeit einkochen, bis die Masse breiig ist.
Jetzt den Senf zugeben und unter Rühren bei milder Hitze 8-10 Minuten
köcheln lassen.
Den Fruchtsenf heiß in kleine Marmeladengläser füllen, mit dem Twist-
off-Deckel verschließen und auf den Kopf stellen.

Kräuter-Gelee

Schale einer Zitrone als Spirale abschälen
je 1 Zweig Rosmarin, Thymian, Salbei, Basilikum
1 l klarer guter Apfelsaft
500 g Gelierzucker 2:1

Apfelsaft mit den Kräutern und der Zitronenschale 10 Minuten bei
mittlerer Hitze kochen lassen. Erkalten lassen und abseihen. 900 ml
abmessen. Diese Flüssigkeit mit dem Gelierzucker nach
Packungsanweisung als Gelee zubereiten. Kurz vor Ende der Kochzeit
einige Kräuterblättchen oder-zweige wie oben dazu streuen und
mitkochen.

Vorbereitete Gläser randvoll füllen, darauf achten, dass in jedem Glas
einige Kräuter sind, mit den Twist-off-Deckeln verschließen und auf den
Kopf stellen. Während des Erkaltens die Gläser gelegentlich umdrehen,
damit sich die Kräuter im Glas verteilen.

Bitte beachten: Durch die Zugabe der Kräuter
wird die Haltbarkeit des Gelees verkürzt.
Zu Käse und Apfelbrot servieren.

Heringssalat

*Zum Abschluss noch etwas Herzhaftes für 6-8
Personen: Der klassische Weihnachtssalat meiner
Eltern und Großeltern - erstmals und nur für
dieses Buch hat meine Mutter das Rezept verraten.*

Bitte beachten:
Die Qualität des Salates hängt davon ab, dass die Zutaten klein gewürfelt
werden und dass er gut durchgezogen und eiskalt serviert wird.

1 kg rote Bete (= rote Rüben oder bayrisch: Rannen)
500 g Äpfel (keine mehligen)
5 große Essiggurken
4-5 Matjesheringe
1 große Zwiebel
1 kleines Glas Mayonnaise (Miracel Whip)
Salz und Essig nach Geschmack

Rote Rüben am Vortag weich kochen, vollständig abkühlen und schälen.
Äpfel schälen, entkernen und vierteln.
Gurken abtropfen lassen.

Rüben, Äpfel und Gurken in Würfelchen mit ca. einem halben
Zentimeter Kantenlänge schneiden.

Matjes häuten, mit Wasser abspülen, abtrocknen
und in feinste Streifen schneiden.

Zwiebel schälen und sehr fein hacken.

Alles vorsichtig vermischen.

Mayonnaise mit einem Esslöffel klaren Essig und ½ TL Salz verrühren,
über den Salat geben und vorsichtig unterheben.

Mindestens 3-4 Stunden im Kühlschrank durchziehen lassen und eiskalt
servieren. Vor dem Servieren mit Essig und Salz abschmecken.

Am besten zu geröstetem Toast.

Einen hab ich noch: Apple Nogg
Für die Adventszeit

 Low Waste-Tipp

Übrig gebliebene Dünstflüssigkeit aus Apfelsaft oder Weißwein
mit der gleichen Menge Eierlikör sanft erhitzen (nicht kochen!).
Mit einer Prise Zimt und einem Klecks eiskalter Sahne, die mit einem
Päckchen Vanillinzucker aufgeschlagen wurde, genießen.

Register zur Resteverwertung